建築を整える。

Archi Design by Panasonic

目次

はじめに

設計者は日々、無意識に『整える』という作業を繰り返しています。さまざまに存在する諸条件に折り合いをつけながら、空間構成やデザインを整え、そこで暮らす人の行為や生活を整え、構造やコストや工期も整え、1つの建築を生み出します。

そのなかで、建築に対して設備を『整える』という作業は非常に困難で、多くの設計者は頭を悩ませています。本来、光や風という機能は欲しい一方、照明器具や空調設備という設備の存在が欲しいわけではありません。

機能を担保しつつも、いかに建築に同化し、背景に徹するかということが設計者の求める設備のあり方ではないかと思います。

パナソニックはそういった設計者の声をもとに、ものづくりに一貫するビジョンとして「Archi Design」を掲げました。これからは、建築視点での設備デザインに取り組んでまいります。

「Archi」とは建築という意味に留まらず、〝本質・原型〟という意味をもちます。

「Design」とは色・形などの意匠という意味だけでなく、設計・計画という意味をもちます。

「Archi Design」は設備の本質を見極め、〝建築視点〟でのデザイン・設計を行い、〝未来の定番〟をつくり続けます。〝建築そのものになること〟でノイズやストレスのないWell-Beingな空間を実現するとともに、〝環境配慮を重ねること〟で持続可能な社会への貢献を目指します。それが「Archi Design」です。

本書のPart 1では「住む・働く・商う・泊る」という個性の異なるビルディングタイプごとに、活躍する建築家8組へのインタビューを行い、実例の解説をもとに『建築を整える。』ためのそれぞれの設計者のノウハウやアプローチをご紹介。

Part 2では『建築を整える。』ための設計思想や設備計画に必要な要件や具体例のご紹介。

Part 3では、整った建築を実現する「Archi Design」のこだわり商品をご紹介しております。

本書がすべての生活者の心身ともに快適な空間づくりに、そして建築に関わるすべての方々の設計の一助になれば幸いです。

パナソニック エレクトリックワークス社
デザインセンター所長 杉山雄治

1
建築を整える。

「住む」「働く」「商う」「泊る」。
こうした日々の営みを支える
建築のデザインはどうあるべきか。
それぞれの建築において
確かな腕をもつ設計者に、
その整え方を問いかけます。

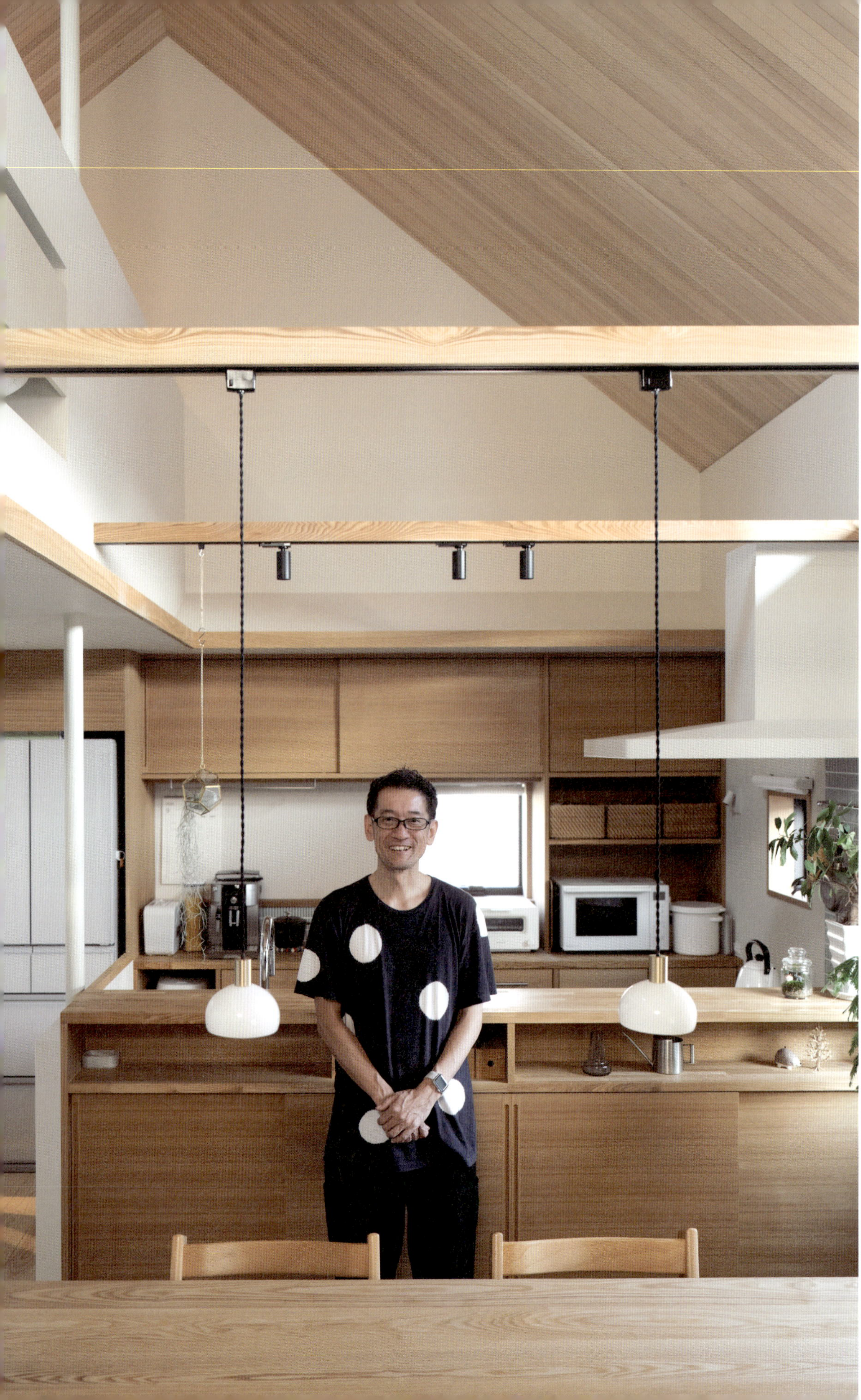

写真＝平林克己

住む

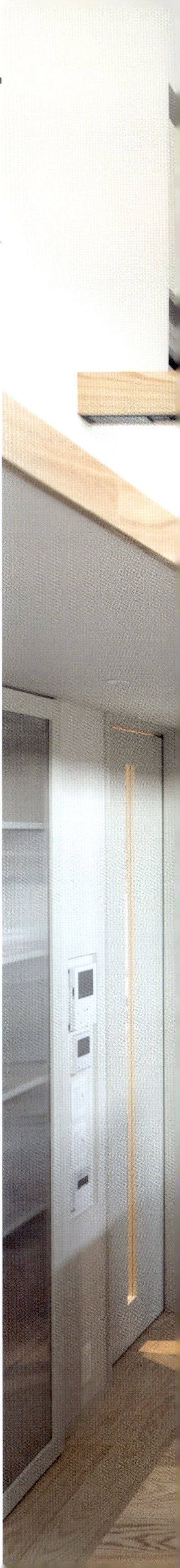
「drop」の2階にあるリビング・ダイニングは6寸勾配の天井。木の素材感を大切にした丁寧な仕上げで、空間を整えた

暮らしに寄り添う家のつくり

家族の暮らしの舞台である
個人住宅において
設備とはどんな存在か。
建築家は暮らしと設備を
どのように架橋した
デザインをするべきだろうか。
リオタデザイン・
関本竜太氏が語る。

関本竜太
［リオタデザイン］

〝ゆるい完璧さ〟で『整える』

住宅の設計において、私がいつも目指しているのは〝ゆるい完璧さ〟です。設計って、突き詰めればどこまでもきめ細かくできてしまうもの。だからといって、空間を完全に整えると、それが住まい手の暮らしを不自由にしてしまうことがあります。反対に、まったく秩序を設けなければ、家具や収納のサイズやテイストの選択が難しくなり、こちらも同じくらい住まい手に不自由さを感じさせてしまうでしょう。だから〝ゆるい完璧さ〟——しっかりとしたフレームを提示することで、住まい手を自由にするような設計——を心がけているのです。

別の言葉に置き換えると、〝普遍性と更新性のバランスを整えている〟ともいえます。たとえば、造作する棚の幅や高さを、無印良品の収納ボックスがぴったりと収まるモジュールで設計すれば、整頓された状態を保ちつつ、住まい手はストレスなく収納整理をしたり、インテリアコーディネートを楽しんだりできるようになります。生活を支えることができるだけの強度を備えたフレームを設計しておけば、今後も家族構成やライフスタイルといった変化を柔軟に受け入れ続けることができます。

したがって、住宅の設計において『整える』

キッチンの収納は、無印良品の収納ボックスのモジュールに沿って設計されている。給気口のパネルは“2分の1ルール”に則って、窓の中央に配置されており、ニッチを設けて壁と面にすることで、“一歩下がる”設えとした

というのは、とても大切な言葉です。『整える』という言葉の本来の対義語は〝乱す、散らかす〟だと思いますが、私の感覚だと〝プリミティブな状態で残す〟という言葉のほうがしっくりときます。というのも、設計では、塗装や仕上げをもうひと手間かけて『整える』か、それとも素材の質感や構造体をそのまま生かして残すかは、とても対義的な操作だからです。

この「drop」は非常にコンパクトな木造住宅のため、前者の『整える』という方針で設計を行いました。建物の気積が大きければ、梁をあらわしにして屋根の構造をそのまま見せても荒々しさはほどよく薄まり、それが建築の魅力にもつながります。しかし「drop」の空間はとても小さく構造との距離も近いため、それが生活のなかでノイズに感じられてしまう可能性がありました。そのため、ここでは木の天井を張り、空間に対する印象をソフトに整えています。しかし塗装はせず、ベイツガに鋸目を入れて小幅板風にした板を張って、木の荒々しい素材感もやや残している。こうすることで、天然素材の色むらが際立ち、空間に揺らぎや奥行きを感じさせることができます。こんなふうに、空間に合わせて仕上げや質感を『整える』ようにしています。

[上]階段室と書斎Bの中心に、インターホンモニターや給湯などの各種操作パネル類を整然とまとめ、ニッチに収める。上から3番目のスイッチ「アドバンスシリーズ」[128・129頁参照]の中心高さはFL＋1,000mmとなっており、それを基準としてニッチ内の配置が決められた

[下]浴室と洗面所のスイッチはマットホワイトの「アドバンスシリーズ」。同じ思想でデザインが統制されていれば、並んでも存在が主張しすぎることはない。生成り色の壁紙(背景)にも同化している。実際には、調光機能や換気扇のタイマー運転機能などを組み合わせて使用している

〝設備は一歩下がるべき〟という意味

こうした設計思想は、住まい手が主役であるべき、という想いから生まれたものにほかなりません。したがって、その暮らしを支える設備は、舞台袖に隠れた黒子のような存在であるべきだと考えているのです。だからいつも、設備はなるべく見せない、主張しないようにデザインをしています。たとえば、壁に照明のスイッチを設置するときも、壁の中央に設けるのか端なのか、または、そこに窓があるかによってもスイッチを設ける位置は変わってきます。その際、設計者の不注意から視覚的に違和感のある位置に設けてしまうと、そこに意図せず〝意味〟を発生させてしまうことがあります。それは空間にとって不要な情報や主張だと思うのです。設備に無用な意味を発生させてしまうことは、なるべく避けるべきだと考えています。

だから設備は、なるべく隠れる場所に。見える場所であっても、意味や疑念が生まれる余地がない位置を考えて配置するようにしています。ニッチを設けて、壁のラインから数cmほど下げて設置することもありますね。別に設備を責めているわけではありませんが、やっぱり主役は住まい手の暮らしであって、設備は〝一歩下がる、へりくだるべき〟だと思うのです。

スイッチや操作パネルを、本当に見えない場所に集めて設置する、あるいは蓋をするなど、設備を一切見せないデザインもありますが、私はそこまではしたくないと思っています。というのも、それらがより特別なものになってしまうということも、〝住まい手の生活が主役〟という私のスタンスから外れていると思うからです。設備は、手をのばせばすぐそこにある、使いやすいところにあることが大前提で、そこにあっていいけれど、一歩下がっていてほしいという感覚でしょうか。

こうした考えのもとに、「drop」ではキッチンからダイニング、ラウンジの上部に、ライティングレールを取り付けた化粧バトンを3本設置しました。これまで設計した住宅では、天井からペンダントライトを下げたり、天井面にスポットライトを設置したりすることが多かったのですが、スマートで空間も格好よく整う一方、後から位置の微調整や高さの変更希望に応じることがしにくいという制約を感じた経験もありました。今回は、ライティングレールの位置や高さといったフレームだけをきちんと設計し、あとは住まい手が使い勝手に合わせてスポットライトの数や位置を調整する、あるいはフックを取り付けて観葉植物をハンギングするなど、暮らしを自由に楽しめるように整えています。設備を付

[上]空間を分節する3本の化粧バトン(タモ無垢材)には、30mm角のスチールの角パイプを下地にしてライティングレールを仕込んでいる。ライティングレールの下端高さはスポットライトやペンダントライトの交換を想定して、小上りFL＋2,050mmで設定[88頁参照]

[下]切妻のプロポーションを生かしながら気積を確保。リビング側は照明をライティングレールにまとめて天井面を一枚絵のように見せ、一方、ロフト側は天井に直接ライティングレールを設置し、場所ごとの使いやすさに基づいた配置がなされている。エアコンもニッチに収めて“一歩下がる”設えに

けないと、木の天井も一枚の絵としてきれいにみえるでしょ。

暮らしの背景に徹する

私は〝暮らしの背景に徹する住宅をつくる〟という意識を強くもって設計しています。建築だけでなく、設備も過度に主張させたくありません。だからといって、設備にミニマルなデザインを求めているわけではない。大切なのは、設備も建築全体と一緒に足並みを揃えられることだと思います。先ほどもお話ししたように、空間全体が同じ思想や構成要素でつくられておらず、どれかが部分的に違ってしまうと、そこに無用の意味が発生してしまいますから。

今後もさまざまな商品開発が進み、住宅内の設備機器はさらに増えていくと予想されます。設備を減らすことは、もはや不可能でしょう。そんななか、各種機器のスイッチプレートの厚みやデザインが全部バラバラでは、それぞれが主張しはじめてしまい、存在感がさらに増してしまいます。しかし、それらが同じデザインコードで統一されていれば、たとえ数がたくさんあったとしても、存在が気にならないように整えていくことができる。設備を建築空間に溶け込ませながら、建築自体も、住まい手の暮らしを引き立てている。そんな住宅の設計を、これからも続けていきたいですね。

ラウンジの出窓をソファに。グラスやスマートフォンを置ける壁側の棚、コンセントや照明スイッチも、ソファでの過ごしやすさを考えた位置と高さに設えられている

関本竜太
せきもと・りょうた

1971年埼玉県生まれ。'94年日本大学理工学部建築学科卒業。'94～99年エーディーネットワーク建築研究所。2000～'01年フィンランドヘルシンキ工科大学（現アールト大学）留学、現地の設計事務所でプロジェクトにかかわる。'02年リオタデザイン設立。主著に『上質に暮らす おもてなし住宅のつくり方』『詳細図解 木造住宅のできるまで』『すごい建築士になる！』（いずれもエクスナレッジ）

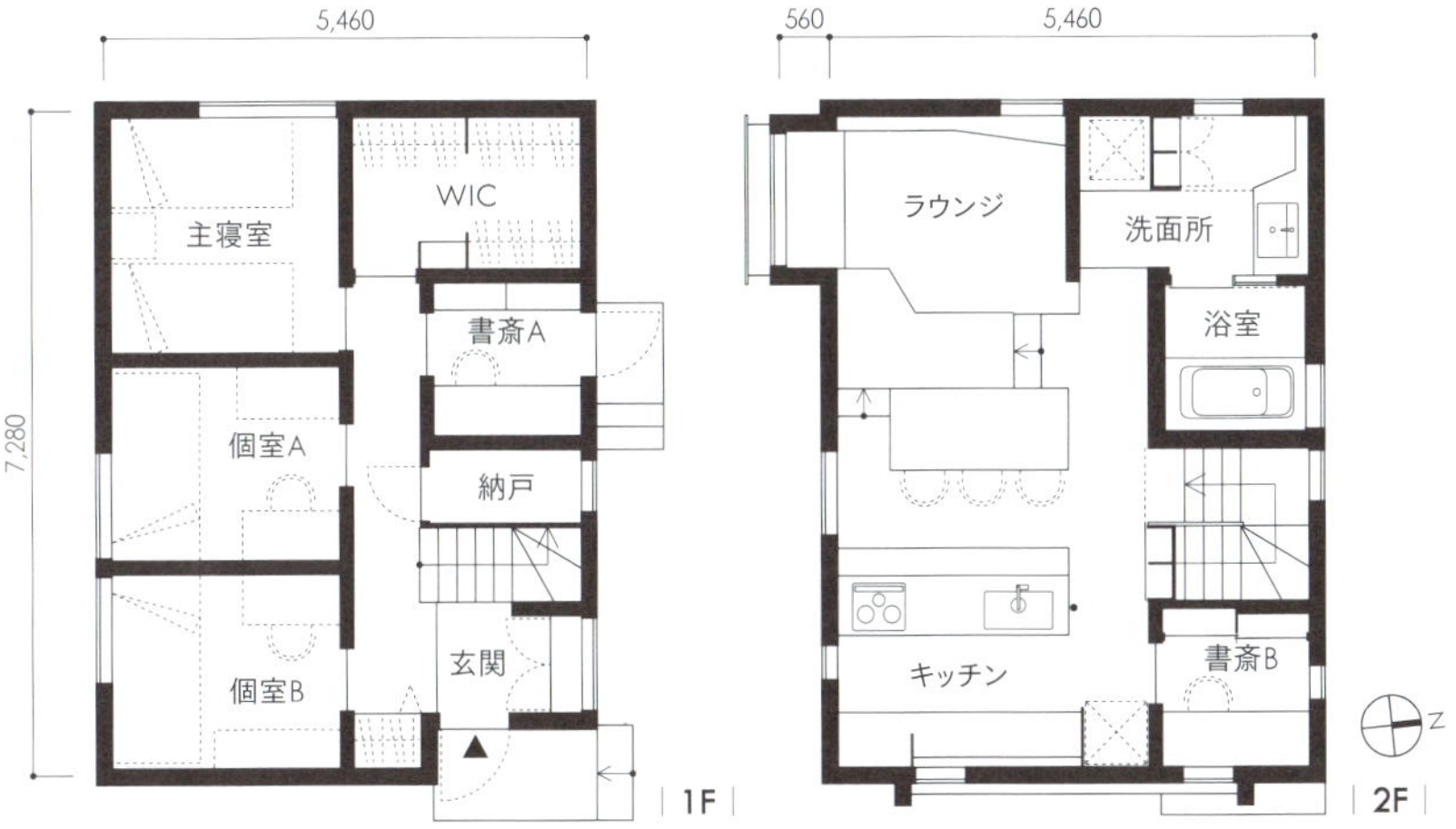

drop
所在地：埼玉県川口市
構造・階数：木造・地上2階
施工：山崎工務店
延床面積：79.3m²

平面図［S＝1：150］

個と全体が
響き合う住まい

住む

伊藤博之

［伊藤博之建築設計事務所］

集合住宅とは
さまざまな住まい手や
ライフスタイルを受け入れる器である。
数多くの集合住宅を手がける
伊藤博之氏は
個性豊かな住空間をどのように
まとめ上げているのだろうか。

写真＝平林克己

「天神町place」の中庭。特有の薄暗さがむしろ心地よく感じられることを目指してデザインされた。その場に立つと、都会の喧騒から離れたかのような感覚が得られる

ネガティブな要素を価値に変える

私が設計を手がけることが多い都心の集合住宅では、事業性の担保や建設予算に加え、周辺に建物が立ち並び、法的制約も大きいなどの都心特有の課題が重なって、厳しい条件下での設計を余儀なくされることが多々あります。しかし、こうしたネガティブな要素に目を背けるのではなく、眺望や利便性といったポジティブな要素と併せてフラットに向き合い、〝その場所にしかない価値〟へと変えていく。私は、いつもそんな設計を目指しています。

その勝負の相手になることが多いのは、まず敷地です。「天神町place」の敷地は、間口が狭く、3方向を高層の集合住宅に囲まれ、しかも区画内で約10mもの高低差がある旗竿地。明るく風通しのよい住戸をつくることは到底難しいように思われました。しかし、粘り強くボリュームの形状やその配置の検討を重ねた結果、現状のような馬蹄形《ばてい》にして中央に大きな吹抜けの空間を設ければ、周りの建物の隙間をぬって各住戸に光を届け、建物内外での通風が確保できることを発見しました。

構造も、その対象となることが多いですね。たとえば、敷地面積が60m^{2}の土地に容積率６００％の細長い集合住宅を建てるような場合、30m^{2}ほどの住戸内に８００mm角の柱が立ってしまうなど、住戸の狭さに対して構造体が巨大になるというアンバランスが生じることが多々あります。しかし、それを隠すような設計はしたくない。できる限り、空間にとって意味のある要素として扱い、住戸の魅力を増していきたいですね。「天神町place」では、梁下で空間の性格を分節したり、柱の間にベンチや机、収納を造り付けたりしています。外部にあらわれた構造体も、その壁厚を生かして室外機置場に利用しています。

こうしてネガティブな要素を魅力に変えていくと、独自性のある集合住宅が生まれます。私はそれをさらに、〝同じ建物を共有し、誰かと共に住んでいることを感じられる設計〟に還元したい。一般的な大型マンションには、住人の気配をまったく感じられないような共用部分もたくさん存在します。もちろん、誰もが交流を求めているわけではないし、プライバシーを保護する必要性も理解していますが、そんな共用部分がよいとも、やはり思えません。

「天神町place」では、その象徴が中庭と吹抜けでした。すべての住戸が中庭の景色や環境を共有することで、緩やかにつながりを感じられることを目指しました。

また、広い共用部分を確保するのが難しい場合も、目指す方向性は同じ。「ニシオギソウ」は、都内の住宅地に立つ、15戸からなる木造長屋の集合住宅ですが、敷地全体を９１０mmモジュールのグリッドで分割し、１０５mm角の柱を構造とするシンプルな在来軸組構法を採用することで、経済性を担保しました。しかし、各住戸まで羊羹《ようかん》を切るように真四角に区分してしまうと、空間体験がいずれも単調になってしまいます。そこで、3畳半あるいは4畳半といった小さなスペースをつないで住戸をつくり、同時に柱や梁などの構造体をあらわしにするデザインを採用しました。同じモジュールを共有しながら区画の境界を曖昧にし、共有する構造を強調することで、全体へのイメージを生み出そうと試みています。

多様性と統一感の共存

集合住宅の設計において『整える』とは、〝違いを受け入れながら統一感をつくってい

[左頁]設計時にイメージしたのは、教会の廃墟だという。建物と植物が共存する静謐《せいひつ》な空間に、上から光が差し込む

「天神町place」の通り沿いには高層の集合住宅が立ち並ぶ。正面のファサードからは、独特の有機的な平面形状や、この奥に劇的な中庭の空間が広がっていることはまるで想像もつかない

802号室。奥行きのある柱間や壁の曲線を積極的に活用し、洗面台や収納、ベンチテーブルを設えている。暮らしやすさと空間の魅力を同時に高める工夫

く”こと、でしょうか。ただ多様なだけでは、相互の関係性が見いだしにくい。しかし統一感が強いと、単調でつまらないものになりやすい。個と全体を両義的に捉えながら、そのバランスを『整える』ことが大切です。

そもそも集合住宅は、同じ間取り、あるいは基準階の反復で設計するのが1つのセオリーです。しかし、私が設計する集合住宅では、住戸の間取りが重複することはほとんどありません。それはやはり、さまざまな住まい手がいるにもかかわらず、マンションの住戸がすべて同じプランであることには違和感をおぼえるから。集合住宅こそ、多様な家族のかたちや暮らし方を受け入れるものであるべきです。それに、同じ建物内だとしても、場所によって日射や眺望は当然異なります。その1つひとつの環境に応答し丁寧に設計をしていけば、必然的に間取りが重複することはなくなります。

こうした多様性は、きちんとしたフォーマットがあるからこそ展開できるとも思います。それぞれの違いを受け入れながら全体としてまとめていく私たちの設計は、まさに『整える』作業といえますよね。

理想は空間に貢献する設備

多様性と統一感のバランスは、設備の導入においても重要な考え方です。というのも、設備は、人の行動を強く規定する場合があるからです。いくら多様な間取りを用意しても、照明の位置が固定されていれば、誰だってその下で食事や仕事をしますよね。だからこそ、設備においても多様性は担保したい。しかし、集合住宅では大量の設備を扱うため、設備を住戸ごとに個別に選択するのも現実的に難しい。

そういうとき、やはりライティングレールは自由度が高くて便利ですよね。「天神町place」をはじめ、さまざまな物件で採用しています[89頁参照]。一方、「ニシオギソウ」ではペンダントライトを採用しました。機器自

エントランスを見る。建物内部の曲面壁のテクスチュアは、フラットな外側のファサードとは対照的だ。スギなどの非流通材を型枠に使用し、木材の粗々しい質感を転写しながらランダムに凹凸をつけた。反射する光によって陰影が刻々と変化し、建物の表情を豊かに見せる

「ニシオギソウ」の一室。2,730mmピッチで配される150mm角の柱と敷居をあらわしにし、またフローリングの向きを変えることでグリッドを視覚化している。採用したペンダントライトはコードをたっぷり残して、住まい手が位置や高さを調節できる余地を確保した［写真＝阿野太一］

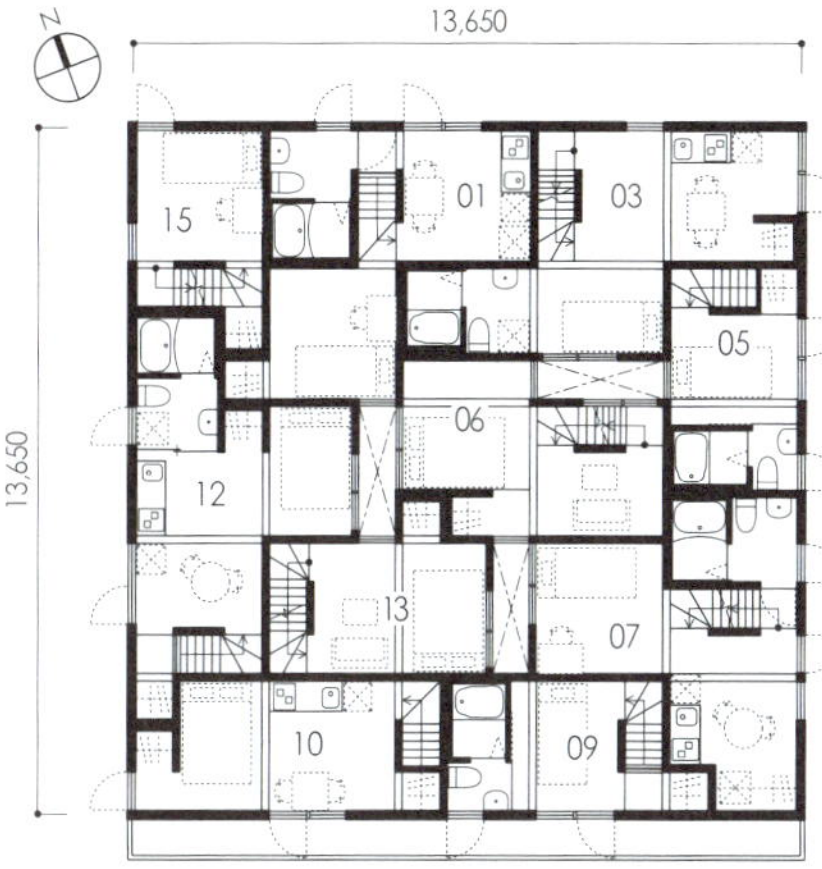

2F　平面図［S＝1:300］

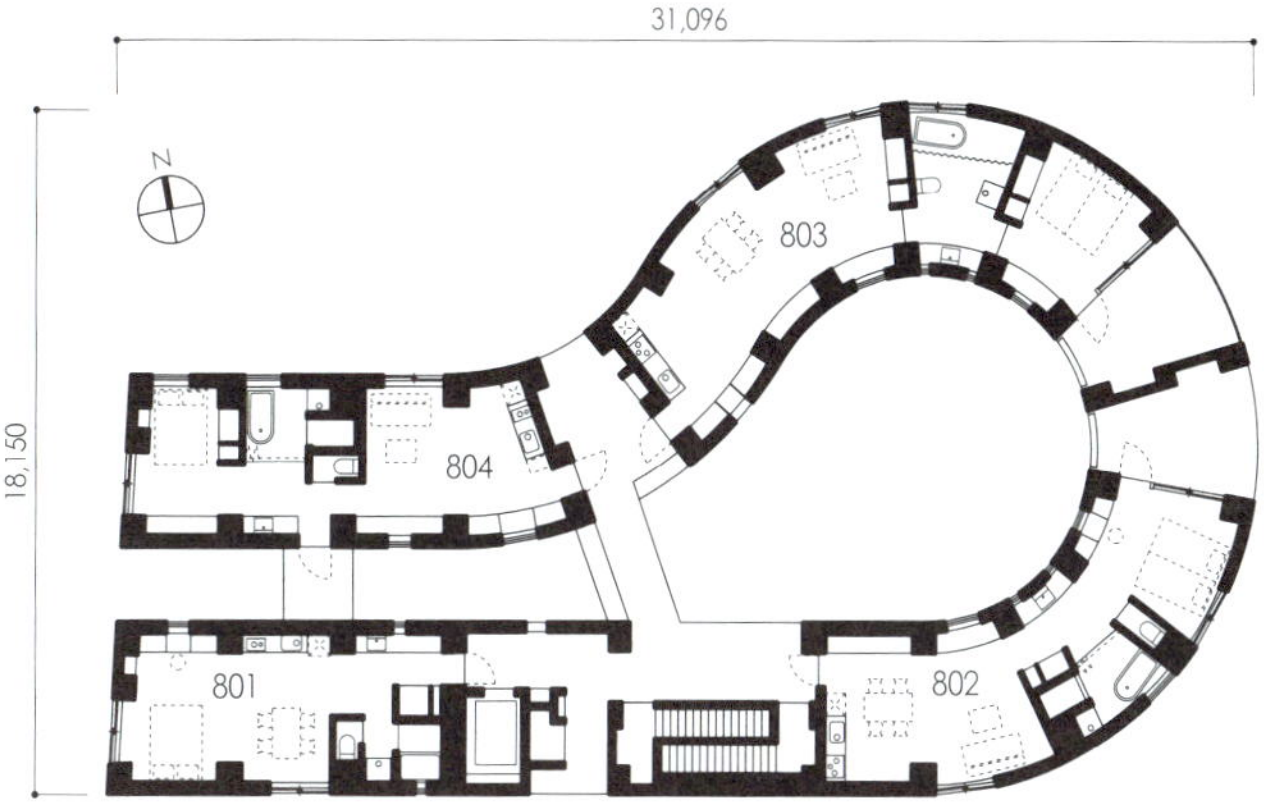

8F　平面図［S＝1:400］

ニシオギソウ	
所在地：東京都杉並区	
構造・階数：木造・地上2階	
施工：サンオアシス	
延床面積：369.3m²	

天神町 place	
所在地：東京都文京区	
構造・階数：RC造・地上8階＋地下1階	
施工：サンユー建設	
延床面積：2,448.6m²	

体は一般的な製品ですが、ケーブルをあえて普通よりも長い状態で残しています。照明を低く設置してローテーブルと組み合わせたり、フックを使って好きな場所に移動させたりして、限りある空間のなかでも、シーンによって居場所を変えられるよう設計しました。

　こうやって説明すると論理的になってしまうけれど、何よりペンダントライトがある風景って、それだけでとてもチャーミングですよね。設備には〝空間に貢献してほしい〟と思うのです。きちんとデザインされた設備機器は、必ず〝図と地〟を兼ねてくれるものです。空間に溶け込んで〝地〟にもなり、1つのシーンをつくる重要な〝図〟にもなる。設備と空間がこんな関係を結べたとき、私はとてもうれしく感じます。

伊藤博之
いとう・ひろゆき
1970年埼玉県生まれ。'93年東京大学工学部建築学科卒業。'95年東京大学大学院工学研究科修士課程修了。'95〜'98年日建設計。'98年O.F.D.A.共同設立。'99年伊藤博之建築設計事務所設立。2019年より工学院大学建築学部建築デザイン学科教授。「天神町place」は2024グッドデザイン金賞を受賞、「ニシオギソウ」は日本建築学会作品選集2020に選出

自然とつながる環境で働く意味

川島範久

［川島範久建築設計事務所］

オフィスの環境は閉じて
設備で制御するほうが簡単で効率的かもしれない。
しかし、それは本当の意味で
快適な環境を整えたといえるのだろうか。
自然とのつながりを通して
歓びを感じられる空間設計を目指す
川島範久氏に訊いた。

写真＝水谷綾子

「REVZO虎ノ門」のエントランス前にて。軒下にはアカマツやアガベ、紅葉など多種多様な植物が植えられており、自然とのつながりを象徴するスペースになっている

自然とつながるオフィスとは？

私はどんな建築を設計するときも、〝自然とつながる建築〟をつくり、その空間から歓び(delight《デライト》)を感じてもらえることを目指しています。かつては、仕事に集中できることばかりが優先され、無機質なオフィスが大量につくられました。しかしこの10年間で、私たちは震災やコロナ禍を経験し、働く環境を見直さざるを得なくなった。おかげで現在は、働く場所を選びやすくもなっています。それでもなお、出勤したいと思えるオフィスとはどんな空間か。改めて問い直したとき、とてもシンプルな答えですが、オフィスでも歓びを感じられることが、最も重要だと考えました。私自身も長年、組織設計事務所の大きなオフィスで働きながら、高層オフィスビルの設計に携わってきた。この考えには、そうした実体験も大きく影響しています。

「REVZO虎ノ門」は、ディベロッパーの中央日本土地建物による中規模賃貸オフィスビルシリーズの第1号です。余計な資材やコストを省いて全体をシンプルに構成することで、賃貸オフィスに求められるスペックや事業性を担保しながら、随所に自然とつながるための工夫を施しています。

たとえば温熱環境は、自然通風と空調機器のハイブリッドでの調整が可能です。オフィス空間では、グリッド状に空調機や吹出し口を配置するのが一般的ですが、天井高が空調機のスペースに割かれると、特に中規模オフィスでは狭さを感じさせてしまう。そこで今回は、空調機を片側に寄せて吹き出す計画としました。事前のコンピューター解析で、グリッド配置と同等以上の均質性を出せることを検証済みです。

照明環境も、自然光をうまく利用する前提で検討しました。ファサードと背面の2面から採光し、空間全体に昼光が届くよう設計しています。

建物の緑化も、私が継続して取り組んでいることの1つ。「REVZO虎ノ門」では、メインのファサード側に植栽を施したバルコニーを設けています。桜や紫陽花など季節を感じさせるもの、ブルーベリーなどの食べられるものなど、親近感が生まれやすい植物を取り入れました。

人工物だけの空間になりがちなオフィスに長く居ると、自然のなかで生きているという当たり前の事実さえ忘れてしまうときがあります。風や光、植物といった刻々と変化するものを身近に感じるだけでも、ふと自分に立ち戻れる。それは人間にとって基本的で大切なことだと思っています。

北側外観。コアをスプリットして建物の東西に分け南北2面に大きく開口部を設けた。ファサードは植物の緑が印象的だが、全体的にシンプルにデザインされていて、ここで働く人たちの“額縁”をイメージしている
[写真＝長谷川健太]

語弊を恐れずにいえば、オフィス環境は、閉じきって設備機器のみで環境をコントロールしてしまうのが手っ取り早いし、緑化だって不要かもしれません。でも、そうやってつくられた環境を、私には〝整っている〟とは感じられないのです。細かな設計や高度な技術が求められるし、課題もたくさんありますが、自然と手を組んで環境をつくることこそ、私にとっての環境を『整える』ことなのだと考えています。

材料の特性を見極めて『整える』

材料に無理をさせるような使い方をしないことも、大切だと考えています。大規模なリノベーションを行った「GOOD CYCLE BUILDING 001－浅沼組名古屋支店改修PJ」では、ファサード側にバルコニーと植栽を導入しました。改修前は、ビル

［上］境界面から2,000mmセットバックすることで、各階にバルコニーを設えている。ステンレスメッシュと手摺の間の植栽帯には、四季を感じやすい植物や、食べられる植物が。バルコニーに出るきっかけにもつながっている
［下］10階北側の共用ラウンジは、入居する企業が自由に使用することができる。2層分の天井高を確保し、天井にはダウンライトをグリッド状に散らして配置［87頁参照］。壁際にはユニバーサルダウンライトを採用して角度を変え、場所ごとに照度を調整した

が西向きなのに全面がガラス張りで、日中は常にブラインドが下ろされていました。強い西日をガラス1枚だけで乗り切るのはやはり難しいし、1つの素材に頼り切っているのには無理があると実感。全体をセットバックさせてベランダ空間を緩衝帯として新設し、西日を完璧に遮断しなくても、日射を和らげつつ、窓を開けることを可能にしました。機能をバランスよく分散させることで、総合的に快適な環境を設計できたと思います。

「REVZO虎ノ門」も考え方は同じ。正面のバルコニー側は、外側からステンレスメッシュ、植栽帯、半屋外の空間、ガラス引き戸とカーテンいう順番で既製品などを組み合わせてレイヤーを形成することで、段階的に室内環境を調整しています。

そもそも高層ビル自体が、モノに無理をさせてつくっている建築ですよね。だからこそ、素材の特性やモノの論理に沿いながら、それぞれがそこに無理なく存在できるよう配置していく必要があります。緑化も同様で、植物になるべく無理をさせないよう、必ず人の手が届きケアできる範囲にだけ配置することにしています。

さまざまな素材や既製品をうまく利用し、組み合わせて環境性能を整えながら、デザインとしても整えていく。これは建築家にとって重要なスキルでしょう。こうした私の設計に対する考え方は、恩師である建築家の難波

[右・上]「淺沼組名古屋支店PJ」の西面ファサードとバルコニー。ファサードには、同社が古くから縁があるという、吉野の樹齢130年のスギ丸太を使用。2,500mmセットバックして、植栽豊かな半屋外空間を設けたことで、西日の厳しい環境を過ごしやすい空間へと改善した[写真=JUMPEI SUZUKI]

和彦さんから学んだことが大きく影響しています。難波さんがサステイナビリティ(持続可能性)を総合的に考えるために挙げたのが〝建築の四層構造〟です。四層構造とは、物理性(材料や構造)、エネルギー性(環境や設備)、機能性(計画や用途)、記号性(歴史や意匠)のこと。建築をこの4つのレイヤーを行き来しながら検証し、最良のバランスに整えていくように、いつも心がけています。

レイアウトを自由に変更可能な無柱空間とした「REVZO虎ノ門」の基準階。空調機を片寄せ横吹きとしてダクトを排除し、天井の高い空間を実現(階高は4,000mm)。入居退去時に発生する廃棄物量が最小限となるようにも設計されている［写真＝長谷川健太］

建築と設備で〝普及性〟を目指す

こうした思想を下敷きとして設備のあるべき姿を考えてみると、〝普及性〟という言葉が思い浮かびます。私がオフィスを設計するときも、ここで生まれた設計思想や手法がどれだけ世の中に広まりうるかを、強く意識します。建築は一品生産の面も強く、立地や条件に対応する設計が毎回必要になりますが、一方で「REVZO虎ノ門」や「淺沼組名古屋支店PJ」のバルコニーのように、同じテーマを繰り返し取り組み、設計をバージョンアップしていくという挑戦も続けています。よりシンプルでコストパフォーマンスのよい設計に改善していけば、さらに多くの人に対してdelightful《デライトフル》な環境を享受できるようになりますから。それはまさに、設備の開発と同じですよね。

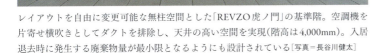

そもそも『整える』って、そんなに大袈裟なことじゃないはずなのです。一定のレベルまでであれば、大きなコストをかけなくたって達成できるはずだし、実際、そうあるべきですよね。建築にとって、設備は環境を一緒につくるパートナーのような存在だと、私は考えている。だからこそ、〝普及性〟を追求していくことは私たちの大切な役目だし、それによって多くの人に快適な環境を提供したい、と思っています。

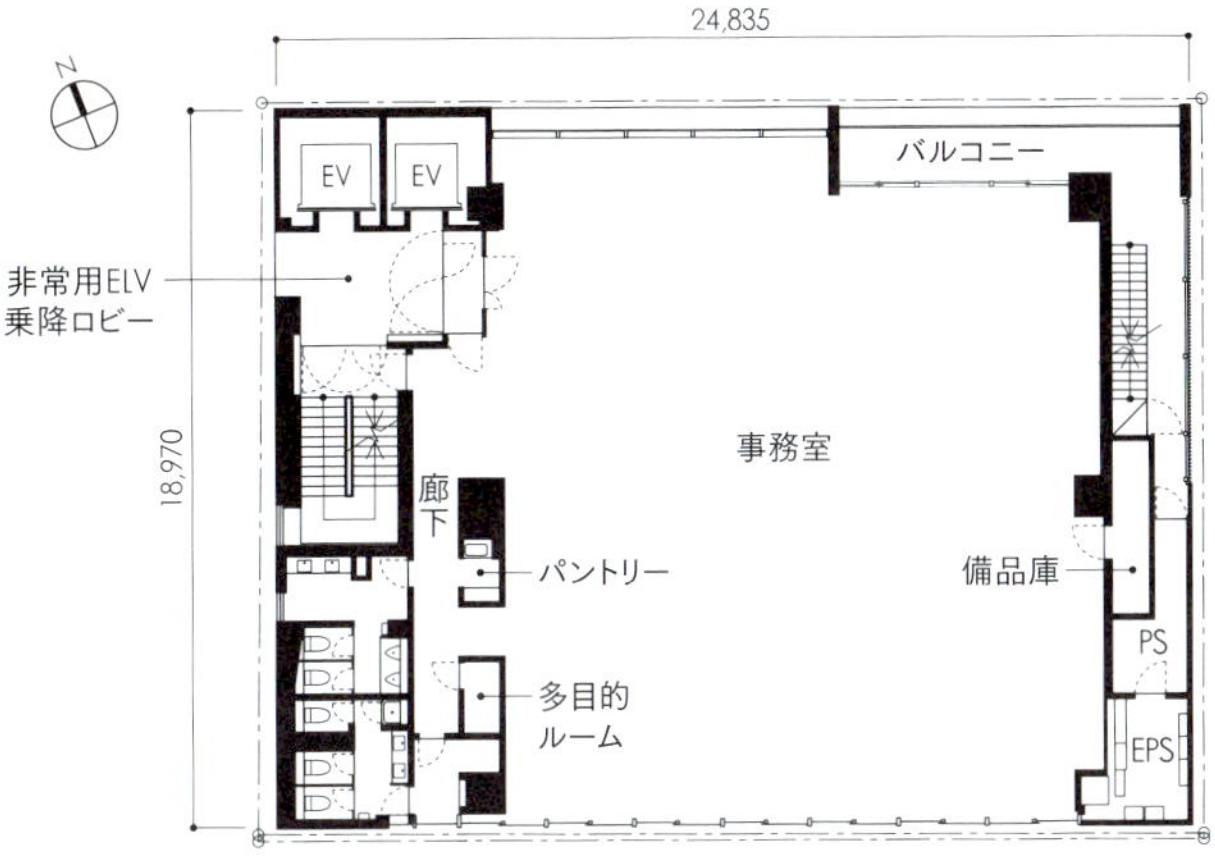

平面図［S＝1:400］

REVZO虎ノ門

所在地：東京都港区

構造・階数：S造(一部RC造)・地上11階＋地下1階

共同設計：中央日本土地建物

施工：安藤・間

延床面積：4,571m²

川島範久
かわしま・のりひさ
1982年生まれ。2005年東京大学工学部建築学科卒業。'07年東京大学大学院修士課程修了。'07～14年日建設計。'12年UCバークレー客員研究員。'14～20年東京工業大学助教。'16年東京大学大学院博士課程修了、博士(工学)取得。'14年「NBF大崎ビル(旧ソニーシティ大崎)」にて日本建築学会賞(作品)、'24年「GOOD CYCLE BUILDING 001－淺沼組名古屋支店PJ」にて日本建築学会作品選奨を受賞

働く

適切な距離感や落ち着きを備え
働く人たちが自然に居心地のよさを感じられる
オフィス空間を目指していると
FLOOAT・吉田裕美佳氏は話す。
こうしたデザイン思想は
どのように培われたのだろうか。

吉田裕美佳
［FLOOAT］

写真＝水谷綾子

「三井物産都市開発 本社オフィス」のラウンジにて。奥がオフィス。ガラス壁を採用して空間全体の抜けは確保しつつ、足元には段差や玉砂利、間接照明を仕込んで境界を緩やかながら適切に区分する。梁に沿って一直線に設置された照明が連続することで、天井高の低い空間ながら奥行きを感じさせる

日々の営みが潤う オフィスの表情

誰もが居心地よく振る舞えるように

「三井物産都市開発 本社オフィス」は、1983年に竣工した「日比谷セントラルビル」の3階の全面改修です。西側の3分の2をオフィスに、東側を誰もが利用可能なラウンジとして計画しています。

　竣工してもう40年が経つ建物ですが、小さな連続窓が並ぶクラシックなこの建物の外観に、私はとても愛らしさを感じました。不動産の開発や運用を主業務とする依頼主が、あえて今、こうした築年数の経過したビルのなかにオフィスを構えるとは、どういうことなのか。この建物がもつ独自の価値を引き出しながら、なおかつ現代の組織のあり方や働き方に適したオフィスをデザインすることが、私たちの課題となりました。

　全体としては、まずすべてをいったんスケルトンにしたうえで、この連続窓や、短いスパンで並び架けられた柱・梁など、建築自体の構造やモジュールとその連続性に呼応することを意図しながら、インフィルを設計していきました。たとえば、柱間の内窓の枠を拡張して壁をふかし、あえて奥行きをもたせることで、連続窓の存在感やリズム感を改めて室内にも強調しています。フローリングや造作棚などにはチーク材を採用し、家具はベージュを基調としたシンプルなカラーリングでまとめました。日比谷という場所柄や、ビル自体が備える落ち着きのある雰囲気に相応しいインテリアを目指したのです。

　ワークスペースも、現代の働き方に合うように一新。ラウンジの連続窓の傍らにはテーブルやソファを配置し、居心地のよい窓辺の環境を誰もが利用できるようにしました。各ワークスペースについても、ベンチソファや椅子など多様な種類の家具を用意し、島のように点在させることで、働く人がその都度自然体でいられる場所を自ら選びながら、お互

[上]柱間の内窓。窓横のソファのファブリックも、落ち着いた色や雰囲気を基調に、時間ごとに変化する陰影がはっきりと出やすい素材を選んだ。柱の中間に設置した照明も、連続性を強調している。フローリングの朝鮮張りは、木目の柄はランダムにしながらも、細かく長さを調整して美しく納めた
[下]枠下には既存の空調を納め直している。吹出し口を確保し、チーク材のカウンター状の覆いを造作

天井は、古いシステム天井を解体し、柱・梁のモジュールに沿ってデザインした。空調は既存のものを再利用して埋め込み、両端のスリットでリターンを確保している［94頁参照］

いに心地よい距離感が生まれるよう計画しています。

長年変わらずに大切にしているのは、表層のデザイン以上に、働く人たちに心地よい居場所を自然にafford《アフォード》するような場の作り方や動線計画を意識した設計です。かつてのオフィスは、窓際から序列に基づいて座席が指定され、十分とはいえないスペースをあてがわれるようなレイアウトが主流でした。しかし今となっては、ある程度の距離感や空間的なゆとりが確保されているという安心感がなければ、わざわざ出社して働こうとは、もはや誰も思わないはず。この数年、Activity《アクティビティ・》

ラウンジ内でも、カフェが近く打ち合わせに使用されることが多いエリアは、チーク材の床に200mmの段差をつけて緩やかにゾーニングしている

［写真＝見学友宙］

Based Working《ベースド・ワーキング》（ＡＢＷ★）という言葉がよく使われているのも、まさにこうしたオフィスにおける居心地の重要性が見直されたからかもしれません。

意図を感じさせないよう『整える』

私たちの設計も、『整える』作業がその基本にあります。あまりデザインを盛っていくような手法は得意ではなく、今あるものを美しく『整える』ことによって全体のなじみをよくするような設計を、常に心がけていますね。

オフィスを『整える』際に、必ず毎回格闘するのが、天井と空調設備の納まりです。それで空間のすべてが決まるといっても過言ではなく、壁の位置が決まった後は、延々と設備図との睨めっこの日々が続きます（笑）。日本のオフィスビルは、天井高を最大限に確保するために、天井裏はダクトがぎりぎり納まる程度の空間しか確保されていない場合がほとんどです。やっと空調のダクトを美しく納めたのに、今度は照明やほかの機器が入らなくて最初からやり直す、ということも頻繁にあります。天井の表面をミニマムで美しく『整える』には、裏側の細かな調整が必要不可欠です。でも、そんな苦労が微塵も伝わることなく、無意識に居心地のよさを感じてもらえれば、それがなによりもうれしいですね。

一方、場所によっては〝整えすぎない〟ことも意識しています。もちろん統一感は大切にしていますが、完全に均質に仕上げるのではなく、あえて不均質さを取り入れてみる。たとえば木材をランダムに張って、木目をあえて揃えない仕上げにすることもあります。

塗装するにしても、少し骨材が入った塗料を採用したり、刷毛のむらを残したりして、陰影に変化が生まれるような工夫をします。感覚的ですが、仕上げや設えに関しては、場所ごとに揺らぎがある状態のほうがむしろ自然で心地よいし、そんなふうに整えたいと感じています。

長く使いたくなるオフィスデザイン

6、7年ほど前、アメリカのＩＴ企業のような、カラフルなスツールやハンモックが置かれた遊び心のあるオフィスデザインが、トレンドとして注目されましたよね。その当時、私たちにも同様のデザイン依頼がありました。私たちが考えるオフィス空間のあるべき姿と、求められている空間との間に大きな乖離を感じ、とても困惑したことを覚えています。でもそのとき、改めて「私たちはベーシックで古びることのないオフィスをデザインしたい」と再認識しました。それから、「見た目の派手さや斬新さではなく、何年経ってもずっとそこにあって居心地がよい空間のほうが、日本のオフィスにとっては正解じゃな

★……仕事の内容や目的に合わせて、働き手が時間や場所を選択できる働き方のこと

ラウンジ内のシェルフとブース席も兼ねた間仕切り壁。同じラウンジ内でも、作業を目的としたエリアはグレージュ系のカラーを採用し、色によっても柔らかく空間の使い方を規定する

オフィスエリアのワークスペース。場所ごとにさまざまな種類の椅子やソファ、デスクを配置し、各自が環境を選べるように多様な居場所を用意している［写真＝見学友宙］

いでしょうか」とずっと伝え続けています。

今もまだ、日本のオフィス空間の寿命は短く、移転が繰り返されることも多いので、どうしてもつくって壊して……の世界のままなのです。せっかくデザインしたオフィスを長く使ってもらうために、私たちデザイナーが配慮すべき点の1つは、「長くこの場所に居たいよね」と思ってもらえるような設計をすること。時間が経過したとき、少しの汚れが気になるようなマテリアルを使用し、トレンドが過ぎ去って古びてしまうような設えをするのではなく、傷や汚れも味になり、何年経っても飽きがこないような空間デザインをしたいと考えています。

また、全部を壊さなくても場所ごとにフレキシブルに変えていける、互換性や普遍性を意識した設計も、ますます大切になってくるでしょう。何をデザインするうえでも同じだと思いますが、そのために為された小さな工夫の積み重ねが、社会のあり方や環境にもつながっていきますよね。オフィスを長い目で見るような姿勢を、今後もデザインとして提案していけたらいいなと思っています。

吉田裕美佳
よしだ・ゆみか
1976年生まれ。2011年FLOOAT設立。'15年「Liveable Office Award」にて、コマーシャルビジネスワークスペースデザイン部門優勝。'21年「KADOKAWA所沢 CAMPUS」にて日経ニューオフィス賞経済産業大臣賞、'23年「三井物産都市開発 本社オフィス」にて、ニューオフィス推進賞を受賞

三井物産都市開発 本社オフィス（内装）
所在地：東京都港区
施工：扶桑建設＋ジェイピーディーエイチ
床面積：958.5m^2

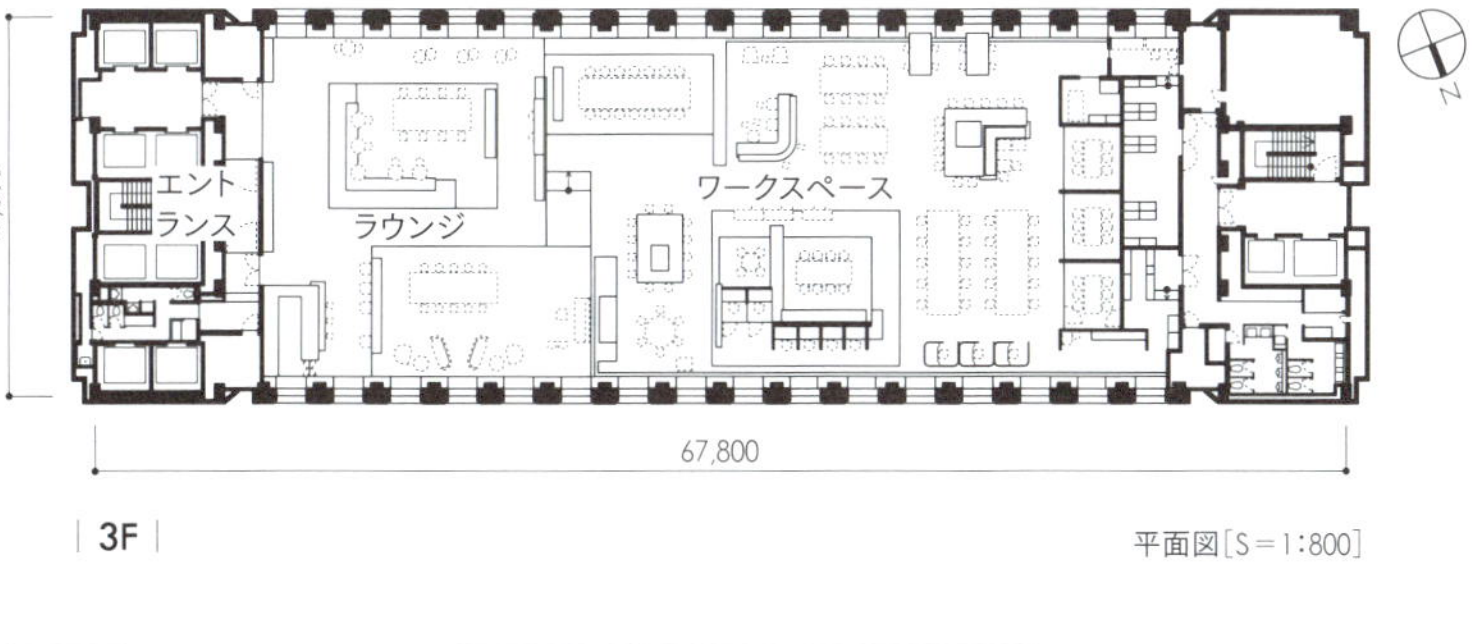

3F

平面図［S＝1:800］

商う

人が自然に集う現象の建築

永山祐子
[永山祐子建築設計]

写真＝渡辺慎一

「ソラトカゼト 西新井」の西側外観。2階は2枚の屋根に覆われているが、道路側の屋根は1階の軒先空間と同様に道路側に向かって傾斜をかけ、奥の屋根とギャップを設け、下から見上げた際に空に向けて視線と風が通り抜けるようにデザインしている。街に対して風通しのよい施設という「ソラトカゼト」の名前はここから生まれた

商業施設の設計では
お店の個性を際立たせつつ地域の風景とも調和するように、
繊細なバランス感覚が必要だ。
厳しい条件のなかで永山祐子氏は
どんなことに気を配りながら個性的な建築を生み出しているのか。

光＋素材で生まれる〝現象〟

ＥＣサイトでの買い物が一般的になった現代、商品の香りや手触り、場所の居心地といった、リアルな空間だからこそ得られる体験の価値が、改めて見直されているように思います。それを強く確認したのは、コロナ禍以降でした。外出自粛の反動もあり、話題の飲食店やアパレルショップへ足を運び、商品に実際に触れたいという欲求が高まったのではないでしょうか。私たちが、いかに五感を通して情報を得ているのかを再確認したように思います。こうした体験にさらに付加価値を与える要素として、商業建築はこれまで以上に大きな役割を果たすはず。私たち設計者の出番も増えていくのではないか、と感じています。

「ソラトカゼト 西新井」は、東京都足立区の西新井駅から徒歩5分ほどの場所に立つ、低層の商業施設です。人々の往来が多い大通りに面し、生鮮食品店やベーカリー、美容室や小児科クリニックなど、地域の暮らしに欠かせない業態の店舗が入居しています。接道面が広く細長い敷地を生かして、軒先が連なる商店街を意識した商業施設を設計しました。

アイウエアブランド「ＪＩＮＳ」が展開する「ＪＩＮＳ ＰＡＲＫ前橋」（群馬県前橋市）は、近隣住民が徒歩や自転車でアクセスする「ソラトカゼト 西新井」とは対照的な、ロードサイド型の店舗です。ただ眼鏡を販売・購入するだけの場所ではなく、滞在することでさまざまな出合いや体験が得られるような、新しいロードサイド店舗のプロトタイプを目指しました。

私は、素材と光をセットで組み合わせて設計をしていきます。そうすることで、素材がただ固定された物質ではなく、〝現象〟としてそこに立ち現れていくように感じられるから。「ソラトカゼト 西新井」は、店舗が低い軒を連ねることが大きなコンセプトだったので、その軒と屋根をさらに象徴的にするた

軒を内部空間に食い込ませ、視線が斜め上へと抜けるように誘導する。酸化被膜発色チタンを採用した屋根は、ピンクとゴールドが重なり合うような発色に

め、屋根の一部にチタンを採用しました。チタンに反射した光のピンク色の具合が、光の強さや角度によって、異なる色合いに微妙に変化していきます。毎日ここを通る人たちが目にする風景に、さりげなく変化を挿入する。それが、この建築のあるべき佇まいだと思いました。

天井を受光面と捉え、自然光や照明を下から当てて反射させるのも、私がよく使用する手法です。「ソラトカゼト 西新井」の2階の床スラブ下は、昼間はチタンの反射光を受け止め、夜は下から照明を当てて光を反射させることで、建物全体が柔らかな光で包まれるように計画しました。

私の場合はいつも「この建物はどこに光を当てようか」と設計後に考えるのではなく、最初から頭のなかに、素材や光がセットで描かれていることがほとんどです。美しさとは、ものが発しているのではなく、その瞬間に生まれているもののように感じます。それを建築で表現していきたいと思っています。

設計とは“違和感”を整えていくこと

これまでの設計活動を振り返ると、“違和感”がコンセプトやデザインの発想の起点になることが多々ありました。自分のおぼえた違和感を、違和感のない状態に“整えたい”という意思が、私の設計には無意識に組み込まれているのかもしれません。

「ソラトカゼト 西新井」を低層の商業施設にしたのは、街の雰囲気やスケールとはそぐわない、近くに立地する箱型の商業施設の存在が要因の1つでした。西新井は、レトロな商店街が現在もにぎわう街です。路面店で商品を眺め、コミュニケーションを取りながら

大通りを挟んで正面を見る。50mの間口に、各店舗が路面店のように通りに向かって並んでいる

［上］ライトアップされた夜の「ソラトカゼト 西新井」。建物のシルエットを炙り出すかのように、軒裏、スラブ下、屋外階段などを柔らかな光が包み、その時にしかない“現象”を生み出している

［左］1階の軒先空間部分を、店舗間の仕切り壁をガラス張りとしている。目線を横に通し、にぎわいを共有する。各店舗をまたぐように2本のライティングレールを通し、スポットライトで任意にライトアップできるようにしている［写真＝高栄智史］

行うリアルな買い物の楽しさを、継承し体験できるような商業施設が駅前にあったらいいな。そんな想いから、設計が始まりました。

「JINS PARK前橋」は、新しいロードサイド型店舗への挑戦です。ロードサイド型店舗の多くは、車道側に駐車場が広がり、建物は平屋で奥に引っ込んでいる。せっかくのファサードも車で隠れ、一番目立つのは大きな看板。国道を自動車で走っていると、まるで駐車場のなかをずっと走っているような感覚にさえ陥ってしまう。こうした、モータリゼーションが生んでしまった風景とは違うものをつくりたかった。前面を公園のような庭にしたことで、そこでイベントが開催され、その風景がファサードになります。通りがかったらマーケットがやっていた、知人に会えたなど、偶然の出会いが生まれる場所になってほしいですね。

商業建築のデザインは、商業性やお店の個性とのバランス、街や地域とのバランスに、繊細に取り組む必要があります。どんなにいい建築を建てても、なんだかなじまない、ちょっと気になる、建築のほうが強いかも……という少しの違和感が、持続性に大きく影響してしまいますから。

空間と設備の調和を理想に

商業施設では、スイッチ類のほとんどはバックヤードにありますが、代わりに煙感知器や非常用照明など、住宅にはない特有の設備が壁や天井にたくさん並ぶことになります。純粋に受光面としてフラットにつくりたかった天井が、普通に設計すると散らかってしまう。そのため、常にそれを図面やパース上、現場でも一所懸命に整えています。照明やスプリンクラーを実物大でコピーした紙を、事務所の天井に張って検証するという、アナログな方法で位置関係を確認することもありますよ(笑)。

「JINS PARK前橋」では、設備が一

「JINS PARK 前橋」の外観。敷地前面には芝生の庭が広がる。ベーカリーカフェが併設された滞在型店舗で、前庭では地域住民によるマルシェやイベントも開催されることも。斜めに葺かれた赤茶色の銅板のファサードは、自然光やライトアップによって、時間ごとに色合いや質感が刻々と変化する［写真＝阿野太一＋楠瀬友将］

南側の角から入店すると一気に視界が開け、大階段から2階へと視線が抜けていく。フラットで美しい大天井には、入隅に仕込んだ照明の光が反射し、空間全体が光で柔らかく包みこまれる[92頁参照]。平屋ではなく2階建てにして大きな吹抜けを設けたのも、新しいロードサイド型店舗への挑戦の1つ[写真＝阿野太一＋楠瀬友将]

切ない光天井を設計することに心血を注ぎました。ペリメーターゾーンを一部メッシュ状にして他の設備も一緒に納めたり、空調の吸気口は壁のスリットに入れ込んだりして、徹底して設備が表出しないよう並々ならぬ労力をかけています(笑)。

「設備類をきれいに納めたい」のは、商業施設や電気設備だけに限りません。たとえば、住宅などでキッチンを設計するとき、冷蔵庫を選ぶのに苦労することがあります。さらに横に洗濯機などが並ぶ場合は、家電ごとに奥行きのサイズや質感が異なり、造り付けの収納とのバランスを考えて納めるのに、骨が折れてしまう。しかし最近では、ビルトインタイプの家電などは、空間によりなじんでいくことをコンセプトにデザインされつつあります。今後さらに、家電や電気設備がプロダクト単体としてではなく、他の製品と並んだときに違和感がないような設計がされていくと、空間の調和がこれまで以上に高まるのでは、と私は期待しています。

永山祐子
ながやま・ゆうこ
1975年東京都生まれ。'98年昭和女子大学生活科学部生活美学科卒業。'98～2002年青木淳建築計画事務所(当時)。'02年永山祐子建築設計設立。'20年より武蔵野美術大学客員教授。'23年「JINS PARK 前橋」にてiF Design Award 2023 Retail Architectureカテゴリーにて Winnerに選出

ソラトカゼト 西新井
所在地：東京都足立区
構造・階数：S造・地上2階
施工：TC神鋼不動産建設
延床面積：1,164.2m^2

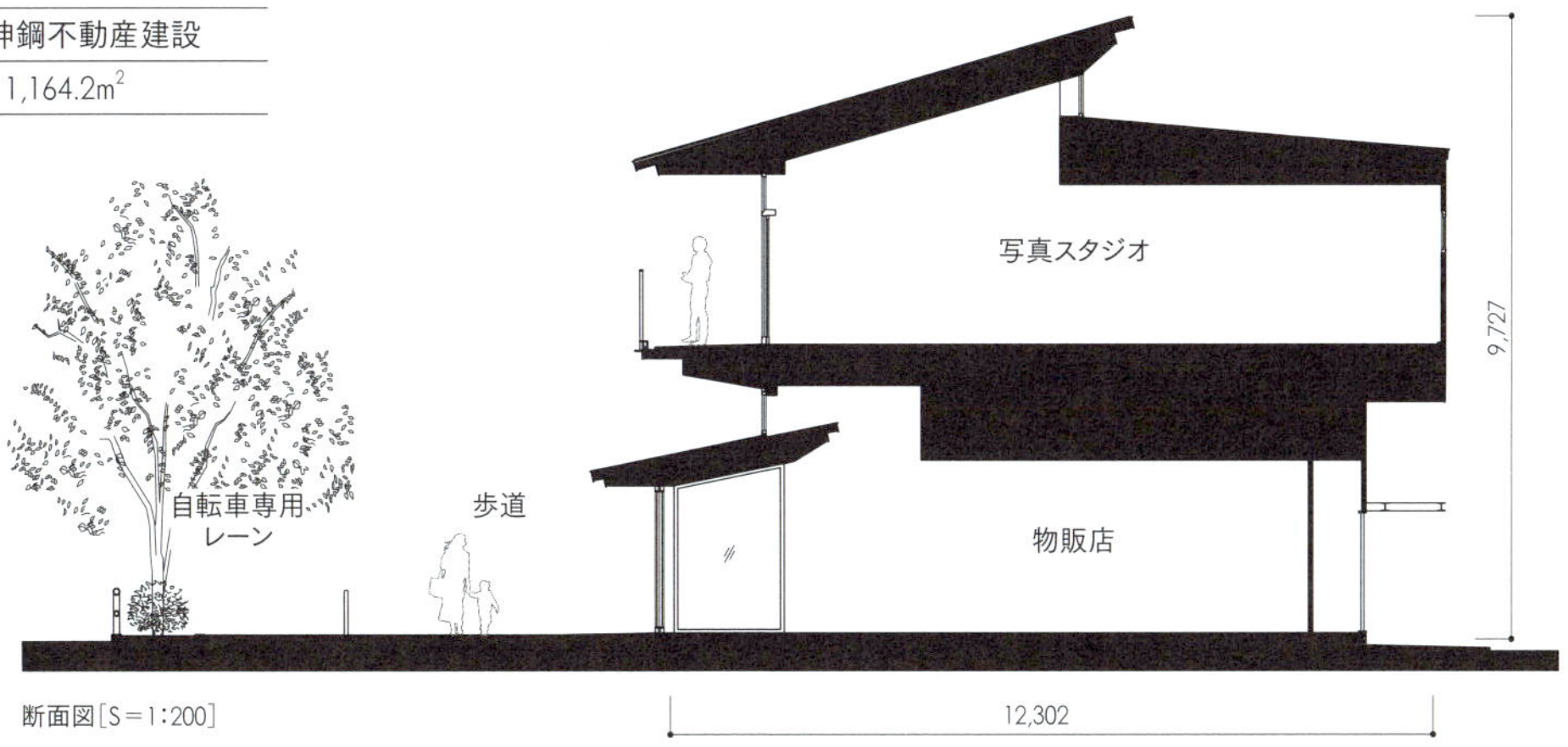

断面図[S＝1:200]

商う

写真＝平林克己

成瀬友梨氏、猪熊純氏は店舗設計においては、建築家としての作家性にはとらわれず各ブランドイメージに最適な提案をすることが自分たちの役目だと話す。個性的な店舗空間において設備を調和させるヒントを訊いた。

成瀬友梨＋猪熊純
［成瀬・猪熊建築設計事務所］

〝シェア〟を可視化する豊かな色彩

丸山木材ホールディングス（岐阜県中津川市）が手がける、スイーツとコスメのブランドの旗艦店「meet tree GINZA」のコスメ売り場にて。ヒノキから誕生したプロダクトを岐阜県産ヒノキのヴォールト天井がやさしく包む★

★……2025年1月現在、スイーツは一時販売を休止している

″シェア″という設計思想で取り組む

猪熊純(以下、猪熊)――独立当初、私たちはシェアハウスやシェアオフィス、ものづくりカフェといった″シェア空間″の設計の仕事が多かったのです。当時はほとんど浸透していない業態で、そのための空間設計も分からないことばかりでした。

成瀬友梨(以下、成瀬)――シェアハウスに住んだ経験もなかったので、リノベーションも自ら手がけたという運営者に、人数当たり必要なトイレの数といった設計の初歩を教えてもらうことから始めましたね。先進的な事業を手がける施主やその運営者に張りつき、彼らの知識や経験を勉強させてもらいながら空間にしていくスタイルは、今も継続しているところがあります。

猪熊――加えて、どんな業態の設計であれ、今でも″シェアする場所をつくる″という思想の延長で考えているところもあります。勤務先でしか人とつながれる場所がなくなりつつあるような現代社会において、建築家はどのような居場所をデザインしていけるのか。それは、店舗設計においても同じこと。事業主と消費者が、新しいものや価値観を″シェア″するのが店舗という場であり、それが実現できるような建築空間を設計することが、われわれの役割だと思います。だからこそ、あえ

5.3mの天井高を生かし、形状の異なる2つの岐阜県産ヒノキのヴォールト天井を設置することで、空間を緩やかに仕切っている。左がスイーツ売り場、右がコスメ売り場

[上]岐阜県産ヒノキをラミナに用いた5層5プライのCLT（Cross Laminated Timber）の天井と、岐阜県産ヒノキを用いた集成材の柱・梁、無垢材の筋かいが、構造の力強さとヒノキならではのやさしさを表現している「meet tree NAKATSUGAWA」（2025年1月現在休業中）の内観。2つの屋根の交差によって生まれる高窓の方向に視線が抜ける。内装はシックなグレーでまとめ、適度なコントラストを付けている

[左]CLTならではの高い剛性を生かしたバタフライ屋根と、木造では難しい2方向への跳ね出しを実現。軒天井を見上げると唐草の内部に小口が現しになったCLTが確認できる[写真＝ToLoLo studio]

て建築家としての個性や作風にはあまり固執していません。プロジェクトに応じてそれぞれゼロベースで設計を練り上げ、何よりも個々のブランドイメージを尊重し、その魅力を伝えられることが、最も大切なことだと、われわれは考えています。

時間や施主との関係性を『整える』

猪熊――こうした仕事のスタイルなので、クライアントとはスケジュールから設計内容まで、綿密に打ち合わせをしています。よくある業態やビルディングタイプ、どんなに大きな面積のプロジェクトであっても、必ずスイッチ・コンセントの位置1つまで全部確認していますね。

成瀬――そうすることで、さらに新しい学びを得られることもあります。最近では、スイッチ類のプレートは、艶々したものが敬遠されがちです。清掃の頻度が多いホテルや店舗では、何度も拭くことで表面の艶が剥がれ、傷も目立ちやすくなる。高価でも、指紋レスのメラミンを使ってほしいと要望されることさえあります。人手不足にもかかわらず、清掃しなければならないスイッチ類は膨大なので、掃除がしやすくオペレーションを効率化できるものが好まれますね。

とにかく2人とも心配性で。最後に施主から「丁寧に仕事をしてくれてありがたかった」

と声をかけていただくことも多いのですが、最初から念入りに説明しすぎて「そんなに時間がかかるなら……」と言われてしまうときもあります(笑)。

猪熊――でも、責任感を共有してもらわないと、結果的に損をしてしまうのは施主ですからね。基本的なことですが、同じ土俵に立ち、丁寧にものをつくっていくには、お互いの関係性やスケジュールを『整える』、プロセスを開き、共有する必要があると思うのです。それは設計や空間自体の出来栄えには関係ないことのように思われるかもしれませんが、良好なコミュニケーションを積み重ねることは、小さな部分にはもちろん、ときに全体に関わる点でも、よい影響を及ぼすことが本当にあります。ただ真面目にやっているだけ、ともいえますが(笑)。

空間と設備を結びつける色彩

成瀬――「meet tree GINZA」は、日本有数のヒノキの産地である岐阜県中津川市の丸山木材ホールディングスが手がける、スイーツとコスメのブランドの旗艦店です。同じ事業主による店舗「meet tree NAKATSUGAWA」やホテル「お宿Onn中津川」[86頁参照]の設計に携わったことを機に、岐阜県産ヒノキの魅力をさらに伝え、知名度を向上させるための店舗設計を依頼していただきました。

最近では、店舗やインテリアデザインで木材を使用するのがトレンドになっています。こうしたなか、ヒノキを今までにないかたちで使用するにはどうすればいいのか、議論を重ねました。

猪熊――商業空間の設計で毎回悩ましいのは、設備の色です。われわれの設計やデザインは、色が特徴的な計画が多い。中に入ったときの高揚感を演出するにあたって、色は圧倒的に強い要素になります。そのため、毎回どんな建築でも、その空間に最適な色合いをこだわって調色しますが、やはり設備機器は色の選択肢が非常に少ない。デザインとして気になる箇所には見積り図書に〝必ず指定色

[上]「meet tree GINZA」にあるスイーツ売り場側のヴォールト天井。ダウンライトの枠を、天井のものは壁と同じ深緑色に、木材上のものはベージュに塗装。鉄骨も深緑色やヒノキの色と調和しつつ、強すぎない色として茶色で塗装[86頁参照]

[下]「meet tree NAKATSUGAWA」の商品陳列棚はヒノキで造作。凹凸感のある塗り壁はグレーで仕上げ、空調吹出し口をグレーで調色して建築との同化を図った[写真＝ToLoLo studio]

塗装とする〟と指示を書き、現場を見ながら調整するという作業を繰り返しています。

成瀬――「meet tree GINZA」でも、それは同様でした。今回は、天井下にもう1枚岐阜県産ヒノキのヴォールトを架けているので、いずれの下にもスプリンクラーの設置が必要です。そのため設備設計においては、最初に設備をなるべくヒノキを使わない箇所に配置するよう計画し、どうしてもヴォールト上に必要な照明などは、位置や色を検討しながら配置決定をしています。懸案のスプリンクラーなどは、やはり黒か白しか色の選択肢がなく、悩ましいところでしたね。

一方、照明器具の枠などは、どちらかといえば特注色塗装がしやすく、壁や木材の色に溶け込ませやすいと思います。ヴォールト天井に設置するダウンライトのベージュの色味は、実際にヒノキに色見本を当てながら、最もなじみのよい色番号を選びました。

2022年にオフィス家具メーカーのイトーキで家具のデザイン監修をした際も、私たちが一番こだわったのは、色の見直しでした。既存の家具や什器には充分な機能が備わっていたし、クラシックで普遍的なデザインには、むしろ現代にも通用する強度を感じました。カラーリングを再編集するだけでも、現代的で多様な働く場に調和する家具になったと思います。色や質感、微細な部分を少し『整える』というのは、とても簡単に聞こえますが、製造現場にとってはすごく大変なことだし、大きな改革だったと、身をもって知りました。

猪熊――〝たかが色、されど色〟といえるでしょうか。しかし、そんな小さな手数でも、プロダクトの展開の可能性が大きく広がったことを実感しました。それは、設備にもつながる部分が大いにあり、ほんの少し細部を『整える』ことが、空間全体をがらりと変えてしまう。そんな可能性さえあるような気がしています。

「meet tree GINZA」の外観。銀座みゆき通りに面する角地のビル1階。ガラス張りのファサードで、通りからも、深緑色の壁面とヒノキのインテリアが一際目を引いている

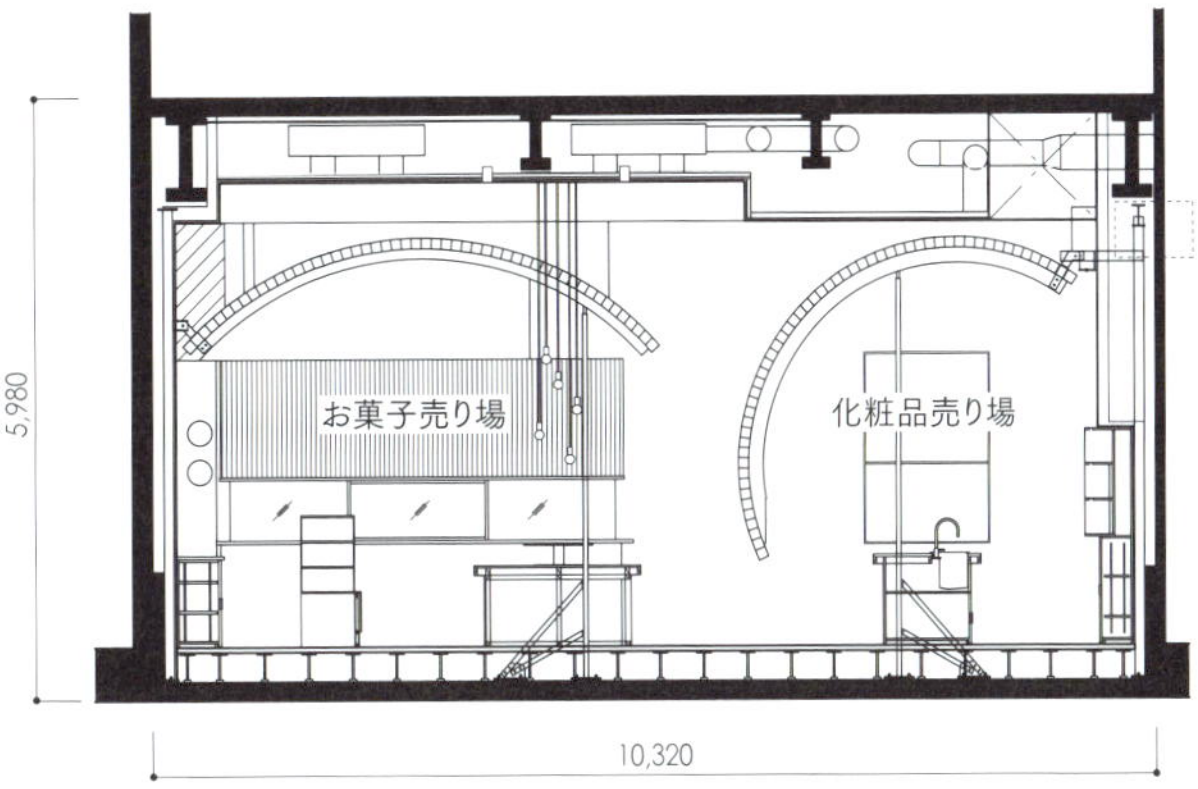

断面図［S＝1：150］

meet tree GINZA（内装）

所在地：東京都中央区

施工：乃村工藝社

延床面積：87.9m²

成瀬・猪熊建築設計事務所

成瀬友梨

なるせ・ゆり

1979年愛知県生まれ。2002年東京大学工学部建築学科卒業。'04年東京大学大学院工学研究科修士課程修了。'05～'06年成瀬友梨建築設計事務所主宰。'07年東京大学大学院工学研究科博士課程単位取得退学。'07年成瀬・猪熊建築設計事務所共同設立。'10～'17年東京大学助教。編著書に『シェアをデザインする』『シェア空間の設計手法』（ともに学芸出版社）

猪熊純

いのくま・じゅん

1977年神奈川県生まれ。2002年東京大学工学部建築学科卒業。'04年東京大学大学院工学研究科修士課程修了。'04～'06年千葉学建築計画事務所。'07年成瀬・猪熊建築設計事務所共同設立。'08～'20年首都大学東京（当時）助教、'21～'23年芝浦工業大学准教授、'24年より同大学教授。編著書に『シェアをデザインする』『シェア空間の設計手法』（ともに学芸出版社）

「Hotel Rakuragu」の9階スイートルーム。間口いっぱいの開口部からは光が十分に注ぎ込む。そのシーンを可能にする、2つの大きな鉄骨ブレースは白く塗装。気品を与えた

人をもてなす手仕事と照明

小嶋伸也氏、小嶋綾香氏は日本と中国を拠点に数多くの宿泊施設の設計を手がけている。素材の手触りや質感に強くこだわる2人は人工的な設備とどのように対峙しているのか。

小嶋伸也＋小嶋綾香
［小《こ》大《お》建築設計事務所］

写真＝平林克己

地域の素材と手仕事を生かす

小嶋綾香（以下、綾香）――宿泊施設を設計する際、私たちは最初にその地域を徹底的にリサーチします。現地に通い、地域の文化や伝統、民藝を生業とする方々に話を聞き、可能な限り自分たちもそれらを体験しながら、設計のヒントを探していきます。

いくらインターネットで世界中の景色が見られる時代になっても、その場所を実際に訪れ、五感を通して味わった感動には、やはり計り知れないものがありますよね。写真や動画では伝わらない、当地の大工さんや左官職人さんなど、1人ひとりの手仕事を通して丁寧につくられた建築も、きっと訪れた人の心を動かすことができる。私たちはそう信じながら、風合いを感じさせる素材や手仕事を取り入れる設計を心がけています。

小嶋伸也（以下、伸也）――独立当時、私たちはまだ本当の意味で、手仕事の力に感動できていなかったように思います。しかし、「大山初里」というプロジェクトを通して、風土を生かした素材や、心を込めた手仕事が、いかに訪れた人を感動させるのかを知りました。

「大山初里」は、中国浙江省の限界集落に宿泊施設を新築し、村を再生するプロジェクトです。上下水道などのインフラもままならないほどの不便な場所ですが、地元の土を使用した伝統的な土壁の技術がまだ生きていて、左官職人がその技術を使って建てた建築群が、自然と相まって美しい景観を形成していました。地元の自然素材や、長年受け継がれている職人の技術を生かすことと、宿泊者に新鮮な体験とともにやすらぎを提供できる空間とはどのようなものか。さらには地域社会に潤いが生まれるとは、どういうことなのか。まさに宿泊施設の本質的なあるべき姿

［**右**］「大山初里」の宿泊棟外観。地元の方々の知恵を借り、土壁に小石を投げつけることで、自然な風合いのなかで亀裂誘発目地の効果を実現。土壁や石積み壁、竹柵など、現地の自然素材をふんだんに採用した。あり合わせのもので新たにものを生み出す、“ブリコラージュ”としての建築表現

［**下**］ダウンライトのような空間全体を均一に明るくするような照明は最小限にして、和紙を使った間接照明をさまざまな高さに配置した。つなぎ目のないシームレスな天井や壁に柔らかな光が当たり、陰影によって素材の質感が強調される

［写真＝堀越圭晋］

約84m^2の敷地という狭小地に立つ「Hotel Rakuragu」の、周辺に存在する建物の形象から生まれたリズム感のあるファサード。隣接するビルとの距離感に合わせて、階ごとに自由な平面計画が可能になるよう、ブレース併用ラーメン構造を採用した［写真＝堀越圭晋］

に、一から向き合い直した経験だったように思います。

一方の「Hotel Rakuragu」は、東京・日本橋の都会の隙間の狭小地に立つ都会のホテルです。一般的な住居ときらびやかな商業ビルが混在する雑多さは、東京という都市の魅力の1つ。「大山初里」のような分かりやすい素材や手仕事の爪痕はなくても、その地域の本質的な特徴を設計に取り込んでいくという姿勢は変わりません。

「Hotel Rakuragu」は、宿泊のみのシンプルなホテルです。そこで、宿泊者が心地よく眠りについて疲れを癒し、朝日とともに気持ちよく目覚められるような客室づくりに狙いを定め、光環境の設計に注力しました。隣接するビルとの距離や視線の抜け方といった、各階ごとの環境に合わせて開口部とバルコニーを設計し、都会の隙間ながらも、客室に自然光を多く取り入れられるようにしています。

綾香――ほかにも、空間を包み込むように壁の隅にアールをかけ、テクスチュアを感じさせる珪藻土壁紙を採用。取り入れた光が壁面をなめらかに滑り、空間全体に奥行きを感じさせるよう工夫しています。

美しさと心地よさのあわい

綾香――自然素材を使った内装材や、手仕事でつくられた工芸品を採用したディテールを大切にする設計では、どうしても設備の素材が空間にうまくなじまない場合もあります。そのため以前は、設備は隠してしまって、意匠を優先するべきだという考えが強かったのです。しかし今では、やはり設備の機能性を損なわず、誰もが使いやすい設計でなければならないと、考えを改めました。たとえば、入口では照明のオン・オフができるのに、ベッドサイドでそれができないといったことがないよう、シンプルな回路設定をし、誰もが分かる場所にスイッチを設置しています。設備はなるべくマットな質感のものや、シンプルな形状のもの、また自然素材と相性がいいベージュ系のものを採用しながら、意匠との調和を試行錯誤していますね。

『整える』って、きちんと順位をつけることかな、と考えています。全部を際立たせようとしたり、同列に扱ったりするのではなく、一番見せたいものや場所をしっかりと定め、その他のものに対しては、適切な順番と居場所を与えていく。そんなイメージを抱いています。

伸也——やはり美しさと心地よさのバランスが大事ですね。いくら美しさのために設備を隠したり覆ったりしても、スイッチが押しづらかったり、リモコンの操作にうまく反応しなかったりするのなら、結局心地よい空間にはならないのです。ベッドから照明スイッチへ無理なく手が届くような、自然な所作が当たり前の空間の心地よさを、今は大切にしています。

もてなす心を代弁する照明

綾香——私たちは、〝宿泊施設の照明機器は、女将さんを代弁するものだ〟と考えています。客室の扉を開けたときや、夜中にお手

[上]601号室の洗面台。部屋と一体的に設計されながらも、部分的に壁にアールをかけたことで、光が壁面を伝い、洗面の空間が緩やかに分節されている

[下]601号室内観。ベッドと壁の間には背もたれを造作。間接照明を仕込んで、下から柔らかく壁を照らすように設計した。ただし、端部まで照明器具を入れると光と影のバランスが美しく見えないので、端部からは200mm程度以上はクリアランスを確保している

[写真＝渡辺慎一]

小嶋さんが「おかえりなさい照明」と呼んでいる「一畳十間《いちじょうとおま》はじまりの家」の玄関照明。人感センサーと組み合わせて調光対応にすることで光の強さがじわっと変化。それがおもてなしの雰囲気を生み出している［写真＝堀越圭晋］

洗いに向かうときに明かりが優しく点灯すると、「おかえりなさい」「おつかれさま」「こちらですよ」と、迎えたり導いたりしてくれているのだ、という気持ちになれますよね。宿泊先の不慣れな空間でも、滞在する人が心地よく過ごせるように設えられた明かりは、そんなおもてなしや気配りを代弁してくれるものだと思うのです。

そういうときに、明かりの強さや柔らかさ、灯るタイミングを適切に設計すれば、照明設備はさらにその人に寄り添うことができるはず。経済面を考えて全部LED照明を採用してほしい、という要望のほうが多いのですが、お手洗いなど、ここぞという場所には、白熱灯とセンサーを組み合わせた、アナログ(手仕事に近い感覚)の照明をお薦めしています。

伸也——やはり、特に宿泊施設では照明計画に力が入ります。ホテルの客室は、視覚的に壁面が占める面積がとても広いですよね。その壁をどのように照らすか、あるいはあえて照らさずにベッドやサイドテーブルを照らすのか。ダウンライトと間接照明をどのようなイメージで多重的に組み合わせるのか。それぞれの空間に合わせて考えていきます。照明って、本当に奥が深い。建材みたいな動かないものとは対照的に、自然光は時間ごとに移り変わるし、照明は調光次第でさまざまな動きを出せる。非日常を楽しむ宿泊施設だからこそ、照明の探究には終わりがないし、私たち自身が、毎回とてもやりがいを感じている部分だと思います。

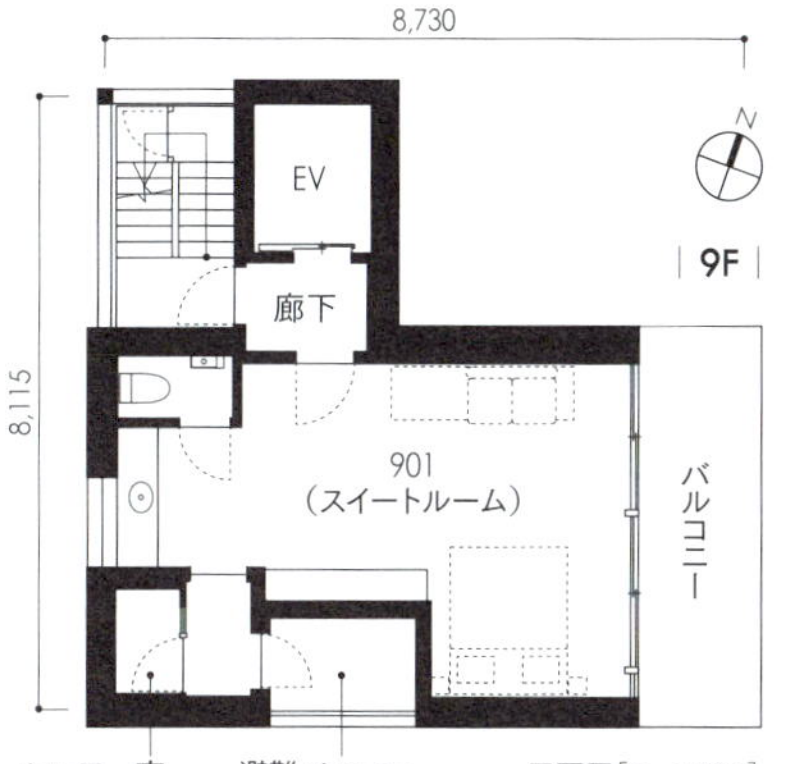

平面図[S＝1：200]

Hotel Rakuragu

所在地：東京都中央区

構造・階数：鉄骨造(ブレース併用ラーメン構造)・地上9階

施工：日向興発

延床面積：441.6m^2

小大建築設計事務所

小嶋伸也

こじま・しんや

1981年神奈川県生まれ。2004年東京理科大学理工学部建築学科卒業。'04～'07年中国大連にてフリーランスで活動(加藤諭氏と共同)。'08～'15年隈研吾建築都市設計事務所。'15年小大建築設計事務所設立。'22年東京理科大学創域理工学部非常勤講師、'24年東京理科大学工学部非常勤講師

小嶋綾香

こじま・あやか

1986年京都府生まれ。2009年TEXAS A&M University建築学科卒業。'12年SCI-ARC(南カリフォルニア建築大学)修了。'13～'15年隈研吾建築都市設計事務所。'15年小大建築設計事務所設立。'21年ICSカレッジオブアーツ非常勤講師

泊る

旅の記憶を彩る額縁としての宿

佐々木達郎
［佐々木達郎建築設計事務所］

写真＝嶋井紀博

日常から離れて出合う
旅先の景色を
美しく引き立たせる
宿泊施設とは。
心地よい非日常の
時間のために設備に
求められることとは。
佐々木達郎氏にうかがった。

「Kikka Hirado」の客室棟2階にあるギャラリーラウンジ。客室と同様、大きな出窓にはソファが設えられ、ここに腰掛けた誰もが、平戸の風景の一部となる

土地の潜在的な魅力を抽出する

　長崎県の平戸は16世紀以降、交易を通して日本と西洋の文化が融合し、独自の発展を遂げてきました。寺院と教会が重なる景色は、まさにそんな歴史から生まれたものです。また、自然もとても豊かな地域で、初めてこの地を訪れた日に見た美しい海の景色は、今も私の心に強く残っていますね。

　宿泊施設を設計するとき、私はいつも〝場所と対話する〟ような気持ちで、その土地の潜在的な魅力を探していきます。地元の皆さんが、〝何の変哲もない、当たり前のもの〟だと考えている街並みや文化、営みのなかから、魅力を発掘して可視化していくわけです。それはむしろ、外からやってきた、私たちのような第三者にこそできる仕事ではないでしょうか。環境を損なわないように建築をつくるという消極的な姿勢ではなく、むしろ建築があることによってその場所の力が引き出され、地域のなかでもその魅力が再発見される。いつも、そんな設計ができるように心がけています。

　「Kikka Hirado」は、平戸島と九州本土の間の平戸瀬戸と呼ばれる海に面した、客室5室の小さなホテルです。歴史ある平戸の場所性を意識して、ダイニングやラウンジのある共用棟は木造平屋に、一方で客室棟はRC造として、和洋いずれの雰囲気にもなじむような設えとしました。また共用棟は、あえて敷地を区切るように三つ又の形状にして配置し、場所ごとに山、海、庭と、それぞれの景色を特徴的に見せる工夫をしています。

　一言で〝宿泊施設〟といっても、そこにはたくさんの用途やコンセプトの宿が含まれます。「Kikka Hirado」はリトリート、つまり都会の喧騒やせわしい日常生活から離れて、自分と向き合い直すための時間や体験を提供する場所。平戸の悠然とした自然環境のなかにただ身を置き、特別なことをせずに風景を眺めているだけでも、心が休まり、違う自分を発見できるはずです。

［上］共用棟テラスからの眺望。前庭、ファイヤープレイスの先に平戸瀬戸が広がる
［下］ギャラリーラウンジでは企画展やイベントなども開催され、宿泊者以外も使用できる。ステンドグラスは「Kikka Hirado」のロゴのデザイン

記憶に刻まれるシーンを

　建築の良し悪しによって、旅から生まれる〝記憶〟の強度は大きく変わるともいえるでしょう。旅先では、日常から離れたことで感度が高まり、窓を開けるといった何気ない所作でさえ、特別な行為のように感じられることがありますよね。こうしたささやかな記憶を積み重ねていく体験こそ、宿がゲストに提供すべきもののように思います。だからこそ、記憶のなかに切り取られる1つひとつのシーンの印象が、とても重要になってくる。ふと手を伸ばしたテーブルの位置や高さ、ソファのファブリックの手触り、壁に投影される陰影といった、細やかな部分にまで気を配りながら、設計をしています。

「Kikka Hirado」の客室で最も特徴的な空間は、ソファを設えた大きな出窓です。美しい平戸の海の景色を切り取る、絵画の額縁をイメージしました。その絵画は、ただ景色を切り取った風景画なのではなく、ゲストがここに座って平戸の〝風景に参加する〟ことによって完成する。旅先の景色に参加するという非日常的な体験が、宿泊者の記憶に刻まれることを願って、デザインしています。

　たとえるならその感覚は、19世紀中頃に、モネやルノワールなどの印象派と呼ばれる画家たちが、アトリエを出て屋外で光の移ろい

共用棟のダイニング・ラウンジは、大開口越しに海とのつながりが強く感じられるよう、奥行きのある形状となっている。切妻の天井は黒く染色した羽目板で仕上げ、ダウンライトなどの電気設備も黒色とした。高級感を出すとともに、空間のボリュームを適度に抑え、視線を水平方向に誘導

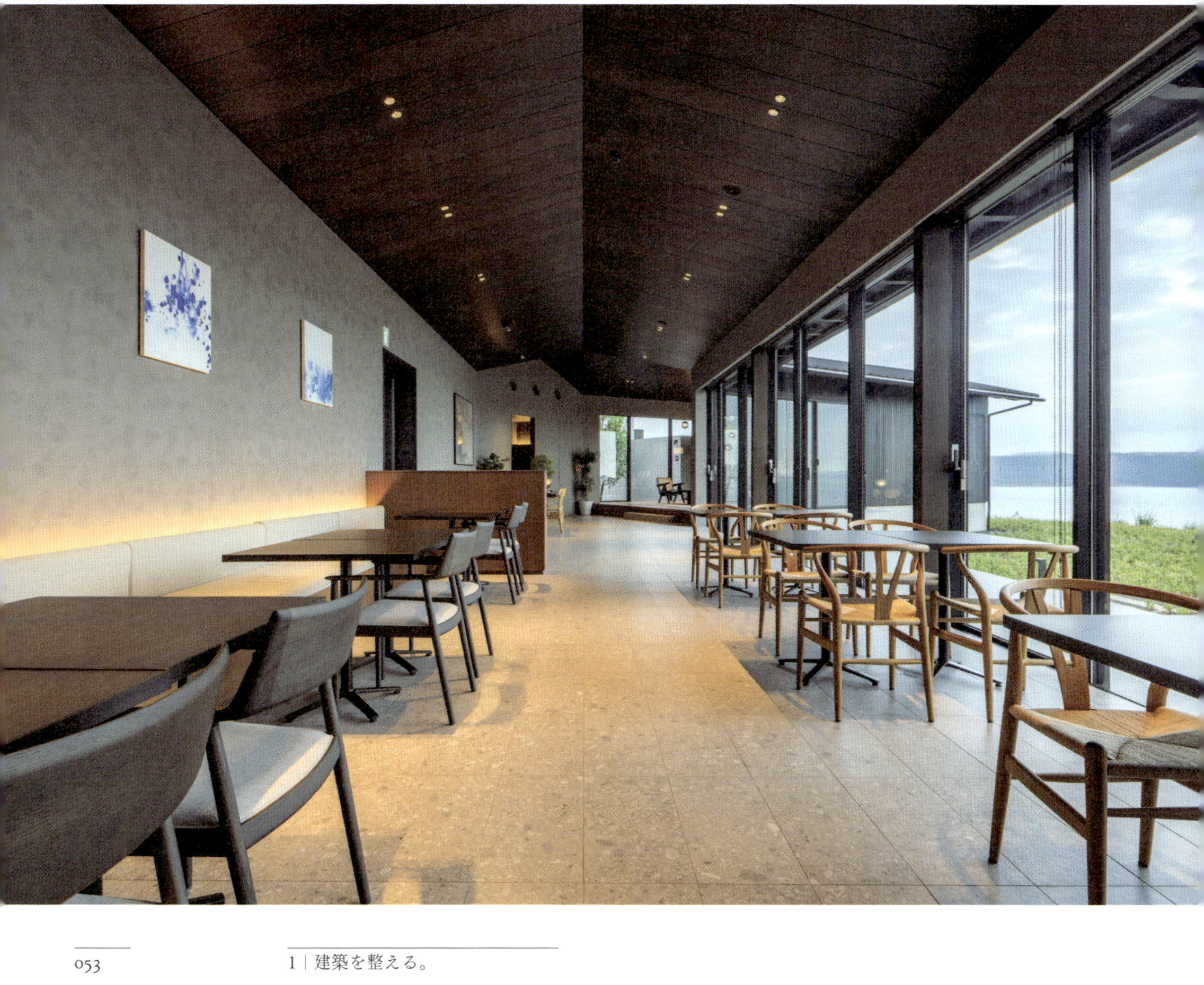

を感じながら、その瞬間の風景の美しさを絵にしていたときのものに近いのかもしれません。光や影などの自然の美しさもあれば、にぎわいのような日常風景の美しさもあり、絵画として切り取られる瞬間はさまざまです。建築という額縁によって、誰かの記憶をより特別で鮮明なものにできたら、といつも思っています。

2階のスイートルーム。テーブル上、ソファサイドや足元など、必要な箇所に合わせて局所照明を設置し、照度を調整している

記憶の美しさに関わる設備とは

居慣れない宿泊施設では、ネガティブな体験は、たとえ些細なことでもゲストに強い不快感を与えてしまう可能性があります。たとえば、眠っている際に空調の吹出し口と顔の位置が重なる、温度や湿度が気になって落ち着かないといった事態が起こらないよう、空気や温熱に関する環境設備は、より丁寧に設計することが求められます。そこがきちんと整っていなければ、いくらお金を使って空間を美しく設えても、ゲストが心地よく過ごせる空間にはなりえません。

光環境も、毎回知恵を絞るポイントですね。暗すぎると安全上の問題が生まれるし、明るすぎても空間の雰囲気が損なわれてしまう。また、事前に施主と空間の明暗の雰囲気やイメージを共有することも難しく、実際の空間で確認してみないと分からないことも

客室内のスイッチやダウンライト、感知器など、電気設備はすべてブラックで統一されている。スイッチにはマットなブラックの「SO-STYLE」[124–127頁参照]を採用。どのスイッチかが一目で分かるよう、プレートにはユニバーサルなピクトサインがシルクスクリーンで印刷されている★

★……スイッチプレートへのサイン印刷は設計者・施工者側で独自に実施

多々あります。そのため、私は基本的には局部照明を採用し、テーブル、棚の展示物やアメニティ、足元や段差など、必要な場所に必要な照度を確保していくようなかたちで設計を進め、〝光と影のバランスを整えていく〟ことが多いですね。また、自分で設計したホテルには、必ず事前に泊まってみることとしています。実際に空間を体験すると、気づかされることが本当にたくさんあるものです。そのときに気づいたことや使い勝手の体験をもとにして、完成後も引き続き検証し、安全のために照明を追加したり、雰囲気を出すために照明の位置を変更したりする場合もあります。それくらい、とても気を遣っている部分でもあります。

私は〝設備を徹底的に隠したい〟と考えているわけではありませんが、「設備は見えないけれど、快適な空間に整っている」状態は、設計者にとっては究極の理想のようにも思っています。当然ながら、心地よさとは決して環境面だけで成立することではないですよね。壁一面が美しく見えている必要がある場所に、スイッチプレートや点検口が設置されている状況は、やはり〝心地よく整っている〟状態とはいえないと思います。その状態を回避するためであれば、設備を限りなく目立たないように設計する必要もあるでしょう。主役はあくまでキャンバスに描かれる旅人たち。建築や設備は、あくまで額縁として存在すべきでしょう。

ベッド廻りも、設備設計の考え方は同じ。スイッチやコンセント類は、こちらもマットなブラックの「SO-STYLE」を使用している

佐々木達郎
ささき・たつろう
1979年北海道生まれ。2002年千葉工業大学工業デザイン学科卒業。'04年千葉工業大学大学院修士課程修了。'04～'13年東環境・建築研究所。'13年佐々木達郎建築設計事務所設立。「場所と対話する建築」をテーマに掲げ、地域固有の豊かさを顕在化する空間づくりに取り組んでいる。「BEB5軽井沢 by 星野リゾート」で'20年度長野県建築文化賞／最優秀賞〈県知事賞〉など、「OMO5熊本 by 星野リゾート」で2024グッドデザイン賞など、受賞歴多数

Kikka Hirado
所在地：長崎県平戸市
構造・階数：共用棟＝地上1階・木造
客室棟＝地上2階・RC造
施工：日本エコネット
延床面積：647.8m^2

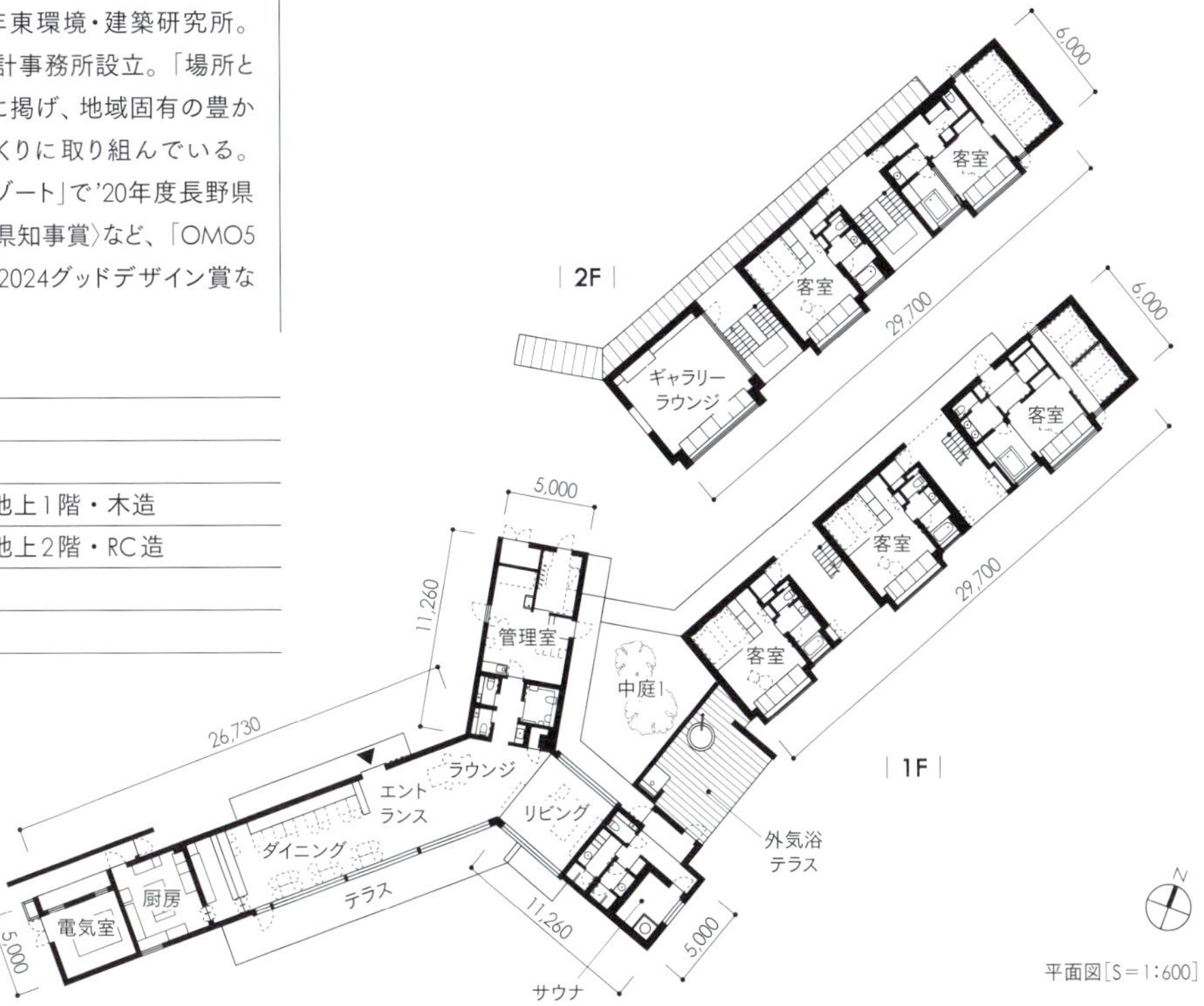

平面図［S＝1:600］

2 Archi Designで整える。

建築と設備の調和とは何か。
その調和を実現するには、設備はどうあるべきか？
「Archi Design」という1つの思想に基づいて、
建築と設備の幸福な関係を探ります。

イラスト＝池谷夏菜子／IKCA drawing

倚松庵の一室から

兵庫県神戸市に立つ谷崎の旧居「倚《い》松庵《しょうあん》」をモチーフにした電気設備のある家の佇まい。『陰翳礼讃《いんえいらいさん》』を発表した後の1936～43（昭和11～18）年までの7年間、谷崎は家族とともにこの家で暮らした 。代表作の1つである『細雪《ささめゆき》』は、ここで妻の松子とその妹たち、娘と過ごした日々を主題にして書かれたものである

建築と設備の調和とは

電気設備が登場し、それは暮らしに欠かせないものとなった。しかしその反面、美しさのために空間を『整える』という新たな課題も生まれた。実用と美、つまり環境の快適さと空間の美しさとは調和し、共存し得ないのだろうか。

『陰翳礼讃』の世界から

文豪・谷崎潤一郎が1933～34（昭和8～9）年にかけて発表した『陰翳礼讃』は、時代を超えて読み継がれる名随筆。そのなかで谷崎は、漆器や屏風、日本建築などの〝陰影〟によって生かされる美しさを見出し、それこそが〝日本の美〟だと説く……というのが、よく知られた概要だ。しかし、谷崎がこうした文章をしたためた本《もと》を正せば、その発端は電気設備の登場にある。たとえば冒頭から

「純日本風の家屋を建てて住まおうとすると、電気や瓦斯《ガス》や水道等の取附け方に苦心を払い、何とかしてそれらの施設が日本座敷と調和するように工夫を凝らす風がある」

「凝り性の人は電話一つ取り附けるにも頭

設備を隠しきることは現実的ではない

形状や大きさ、色、艶など、あらゆる点でバラバラな電気設備たちを空間に調和させるという仕事に、設計者は手を焼いている。ときには設備を隠し、ときには設備がなるべく目立たないよう美しく配置する。しかし、こうした努力をいくらしても、そこから溢れて表出させざるを得ない設備がやはりある

設備を隠しきれてもそれは解決でもない

あらゆる工夫を凝らして設備や配線を隠しきり、すっきりとした空間を実現する。たとえそれができても、そのためにかけた苦労と時間は、並大抵のものではない。再現性もなく、新しい案件のたびに、また同じ苦労が求められる。こうした煩わしさを、根本的に取り払うことはできないのだろうか

を悩まして、梯子段《はしごだん》の裏とか、廊下の隅とか、出来るだけ目障《めざわ》りにならない場所に持って行く。その他庭の電線は地下線にし、部屋のスイッチは押入れや地袋の中に隠し、コードは屏風《びょうぶ》の蔭《かげ》を這わす等、いろいろ考えた揚句、中には神経質に作為をし過ぎて、却《かえ》ってうるさく感ぜられるような場合もある。［中略］なまじなことをするよりは、あの在来の乳白ガラスの浅いシェードを附けて、球をムキ出しに見せて置く方が、自然で、素朴な気持もする」

という調子で、日本の住宅と電気設備の相いれなさへの嘆きが、延々と綴られる。近代文明の波が押し寄せるなか、谷崎は実用と美の間で苛まれながら、住まいのあちこちを苦心しながら整えた……まるでどこかで聞いたような話だ。電気設備の必要性は理解しているが、今も私たちは同じ悩みを抱えている。

建築と設備の距離

谷崎の苦労話は90年以上も前のものだが、それが今もリアリティを感じさせるのは、残念なことだ。建築も電気設備も、素材や技術の面で時代とともに進歩したのに、依然として両者の距離は縮まっていないのだから。

現代も設計者は、個々に存在主張の強い電気設備を隠そうと努力している。デザインした空間を損なわないよう、知恵を絞り時間を

建築と電気設備の調和を可能にするには

建築空間の美しさをそのまま保つには、どうすればよいのか。シンプルな答えだが、電気設備が、隠すべき存在でなくなればいい。あるいは、表出しても美しく、また複数になっても整って配置することができれば、設計者を苦労から解放し、建築空間の質をより高めることができる

かけて何度も図面を描き直す。隠しきれない設備も多く、さらに配置に頭を悩ませる。

建築に設備が調和するために

「Archi Design」は、こうした現状を打開しようとするものだ。それは次の3つの概念で構成される。

まず「建築の背景に徹する」姿勢で製品を展開していく。電気設備は空間に同化することを前提にデザインする。数や種類が増えようとも、設備自身が自律し、全体が群となったときも調和を生むよう注意を払う。

それを実現するため、製品のディテールは「建築の作法で造りこむ」ようにしていく。視覚的なノイズとなる装飾要素を徹底的に排する、引き算のデザインをする。かつて生じていた、形状や大きさ、色、艶などの不一致がないよう、モジュールを意識する。

そして「建築の時間軸に応える」ことを水準とした品質を目指していく。飽きのこない普遍的なデザインを施し、それが永続性を保つよう、技術的な工夫をもって互換性・更新性を高める。加えて、環境にも貢献する。

建築と電気設備とは、ともに手をとって暮らしを支える存在であるはずだ。さらに90年後、両者の関係性がよりよく整った建築の姿を想像したい。

＊引用は『陰翳礼讃・文章読本』(新潮文庫、平成28年第1刷)より

Archi Designとは何か

「Archi Design」——。
それは、電気設備のあるべき姿を〝建築視点〟で捉え直し、
商品を一貫したデザインルールのもとで整えていくという思想。
その思想体系は3つの諸概念で形成されている。
まずは、代表的な名建築から電気設備のあるべき佇まいを考えてみよう。

イラスト＝六浦六

1 建築の背景に徹する

自然に溶け込む建築

空間に同化する——。それは空間に存在する前景の存在感が小さく、背景と調和した様相にほかならない。

こうした調和のとれた状態を象徴する建築として、吉村順三の傑作「軽井沢の山荘」が思い浮かぶ。軽井沢の森林のなかに立つ、吉村自身のための別荘である。自然を感じながら、くつろいだひとときを快適に過ごすことができるように、と設計された。

何よりの魅力は、周囲の森林と見事に調和した佇まいと空間にある。たとえば、特徴的な片流れの屋根は、山全体の形になじむよう、敷地の傾斜に沿って手前に下がった形状となっている。また、地上から1階分高く持ち上げられた主階は、ちょうど樹々の間に浮かぶように意図されたものだ。仕上げも、塗装やワックスがけをせず、自然素材がそのまま使用されている。

吉村は最初に敷地に立ち、建物を構想しながら「空を見上げて、樹々の緑が目に入ったとき、この樹の上で、鳥になったような暮らしのできる家をつくろうと思いついた」という。その言葉のとおり、自然と融合することで生み出される心地よさが、この建築と自然の関係を特別なものにしている。

「軽井沢の山荘」からの学び。それは、背景（自然もしくは空間）と調和のとれた状態を創造すること。それを設備に置き換えるならば、設備は建築素材としての素養を備える必要があるということだ。

軽井沢の山荘

軽井沢の豊かな森林のなかに立つ「軽井沢の山荘」。背後の山並みや雑木林に溶け込むかのような雰囲気を漂わせている

設計＝吉村順三

竣工＝1962年

所在地＝長野県北佐久郡

構造・階数＝1階RC造＋2階木造

1 建築の背景に徹する

美しい街並みをつくる建築

群として調和する——。それは集合体としての美しさであり、それを成し得るには、個体どうしに共通して貫かれる美的要素が求められる。

槇文彦の設計による「代官山ヒルサイドテラス」は、集合住宅やギャラリー、オフィスや店舗などが入居した、複数棟の建物からなる複合施設。渋谷や恵比寿にも近いエリアながら、道路側の建物高さはいずれも街路樹より低く抑えられ、旧山手通りに沿ってゆるやかに景観を形成する。

「代官山ヒルサイドテラス」は、1967年から工期を分けて段階的に建設された。実際に各棟を見てみると、平面構成や構法、仕上げは実に多様で、それぞれが敷地条件や用途に合った、独自の表情と空間を備えている。にもかかわらず、それらが1つの群造形を成すとき、規模や用途、建てられた時期も異なる建築たちが、全体的な統一性を奏でるのだ。おそらくそれは、長年、代官山の街に寄

代官山ヒルサイドテラス

旧山手通りから見る「代官山ヒルサイドテラス」。街路樹よりも高さが低く、都会の空や遠くの高層ビルにまで視線が抜ける

設計＝槇文彦

竣工＝1967〜1998年

所在地＝東京都渋谷区

構造・階数＝RC造・地下2階、地上3〜4階

り添い、当初からのデザイン思想を一貫したまま設計が続けられた結果だろう。刻々と風景が変化し続ける東京のなかにありながら、今も変わらず、行き交う人々の背景となり、街に溶け込んでいる。

「代官山ヒルサイドテラス」からの学び。それは、集合体としての佇まいを想像すること。空間のなかで群をなす種々の設備も、同じように共通の思想を貫いてデザインされるべきだろう。

2 建築の作法で造りこむ

要素をそぎ落とした建築

引き算でデザインする――。要素が整理され、無駄がそぎ落とされた状態に達すると、物自体の存在感が前面に立ち現れてくる。

「住吉の長屋」は、安藤忠雄の実質的なデビュー作として知られている。大阪の住宅がひしめく下町の三軒長屋のうち、中央の一軒を切り取り、RC打放しの2階建て住宅へと建て替えたものだ。特徴の1つがその空間構成で、全体を3分割し、その中央部をあえて中庭とすることで、住居内への採光と通風を確保している。中央に外部空間を設けたこのプランは、伝統的な町屋に見られる形式を現代住宅において再解釈したものだともいわれている。

「住吉の長屋」の最大の魅力は、やはり、コンクリートという素材の魅力とシンプルな造形が相まって生まれたデザインにある。無機質ながらも存在感のあるコンクリートそれ自体が、静謐な空間の質をダイレクトに形成している。シンプルでフラットなこの空間では、中庭から差し込む光や、それによって生まれる陰影でさえ特別なものに感じられる。美しく揃えられた型枠の割り付けなどのディテールも、自然と際立ってくるのだ。装飾的な要素を徹底してそぎ落としたことで、ここに強度をもったデザインが完成された。

「住吉の長屋」からの学び。それは、その設備にとって本当に必要な要素を考え抜くこと。設備こそ、機能美を体現すべきなのだ。

住吉の長屋

無駄な要素を極限までそぎ落とした「住吉の長屋」。隣り合う建物のなかで、RC打放しのファサードが際立つ

設計＝安藤忠雄

竣工＝1976年

所在地＝大阪府大阪市

構造・階数＝RC造・地上2階

2 建築の作法で造りこむ

統一美を追求した建築

モジュール発想でデザインする——。隣り合う要素を、〝規格〟という観点をもって『整える』ことで、あらゆる意味でロスのないものづくりが完遂される。

ミッドセンチュリーを代表するデザイナー・建築家のチャールズ&レイ・イームズ。彼らの自邸兼スタジオ「イームズハウス」は、アメリカの建築雑誌『アーツ&アーキテクチュア』が企画した「ケーススタディハウス」の8番目の事例である。第二次世界大戦中に開発された技術や素材を使用し、低価格で戦後の住宅供給に応えられる効率性と、現代的な暮らしに即した空間性を兼ね備える実験住宅の提案が求められた。

実際に、建物は鉄骨やガラス、木製パネルなど、カタログから選んだ工業製品を組み合わせて建設された。それなのに「イームズハウス」は、素材のバラバラさや味気のなさ、空間の単調さを感じさせることはない。

モジュールが視覚化されたファサードには、ガラス以外に、赤、青、白のパネルがはめ込まれ、モンドリアン調のデザインが遊び心のあるアクセントとなっている。均一なモジュールは、生産性や施工性だけでなく、デザインにリズムを与える秩序としても有効に生かされている。

「イームズハウス」からの学び。多種多様な機能に見合う形状やサイズが求められる設備において、美しいデザインを規律するもの。それが、まさにモジュールなのだ。

イームズハウス

さまざまな工業製品を組み合わせてデザインされた「イームズハウス」。モジュールという骨格が“まとまり”をもたらす

設計＝チャールズ&レイ・イームズ
竣工＝1949年
構造・階数＝S造・地上2階
所在地＝アメリカ・ロサンゼルス

3 建築の時間軸に応える

時代を超えて愛される建築

普遍性・永続性を持たせる——。それは現在、そして未来にも通用するデザインの本質を見出すことでもある。

20世紀を代表する世界的な建築家、ル・コルビュジエ。彼は、産業革命以降の新しい技術にいち早く可能性を感じ、1927年に「近代建築の五原則」を発表する。それは、西洋の伝統的な組積造や木造小屋組建築といった、旧来の構造や様式の制約から建築を解放し、明るく衛生的な住まいを生み出すために打ち出された、革新的な理念だった。その後、コルビュジエは自らこの5つの要素、つまり「ピロティ」「自由な平面」「自由な立面」「独立骨組による水平連続窓」「屋上庭園」を設計に組み込み、普遍的な機能と美しさを備えた建築を模索する。

サヴォア邸

水平連続窓、ピロティ、気品に溢れる白い外観……。「サヴォア邸」は、こうした建築の普遍的な美的要素を身にまとう

設計＝ル・コルビュジエ
竣工＝1931年
構造・階数＝RC造・地下1階、地上2階
所在地＝フランス・ポワシー

「サヴォア邸」はパリ郊外ポワシーの小高い丘に立つRC造3階建ての住宅で、この5原則が高い完成度をもって実現された。記録によると、コルビュジエは南米で行った講演において、アルゼンチン郊外の田園に「サヴォア邸」を描き込んだスケッチを紹介したそうだ。それは、彼がこの住宅を一品生産の建築作品ではなく、その後も展開することができるプロトタイプと捉えていたことの表れではないだろうか。

「サヴォア邸」からの学び。それは、時代や場所を超えて、永く広範に使い続けられるだけの耐力を備えた仕様と設計を、設備においても模索して実現することである。

中銀カプセルタワービル

建築運動「メタボリズム」（新陳代謝）を、140戸の交換可能なカプセル型住戸によって体現した「中銀カプセルタワービル」。2022年に解体されたが、一部が保存・再活用されている

設計＝黒川紀章

竣工＝1972年

構造・階数＝SRC造＋一部S造・地下1階＋地上11階および13階

所在地＝東京都中央区（当時）

3 建築の時間軸に応える

生命として可変する建築

互換性・更新性を持たせる——。それは変化に向き合いながらも、そこにある調和を守り維持しようという意志である。

１９６０年代に日本で発祥した建築運動「メタボリズム」では、生物が環境に適応して新陳代謝するのと同様に、有機的に成長する建築や都市計画のプロトタイプがいくつも構想された。そのなかで実現し、メタボリズムを最も象徴した建築が、黒川紀章の「中銀カプセルタワービル」だった。

エレベーターなどを備える2本のコアシャフトに、約10 m^2のカプセル型の住戸１４０戸を取り付けた集合住宅である。個々のカプセルはボルトで固定され、取り外して住戸単位で交換することが可能となっている。部材も共通化し、サイズも輸送用トレーラーの積載限界を基準に規格化された。未来を見据え、部分的な互換性・更新性を容易にすることで、建築全体の持続性を体現しようとしたわけだ。

結果として建物は、建設から50年後の２０２２年に惜しまれながら解体されたが、この先見性ある思想が古びることはない。社会のあらゆる場面で、持続可能性が見直されている。建築に限らず、さまざまなものづくりに対して示唆的であり続けるだろう。

「中銀カプセルタワービル」からの学び。それは、必ず訪れる、設備を含む工業製品の寿命や限界を最初から受け入れる、不朽の骨格をデザインしようとする挑戦でもある。

名建築から学ぶ電気設備のあるべき佇まい

名作と呼ばれる建築作品にはそう呼ばれるだけの理由がある。建築に向き合い、その魅力を紐解いていくと設備は空間においてどう振る舞うべきか、目指すべき方針が見えてきた。

Design Philosophy of Archi Design from masterpieces

1 建築の背景に徹する

空間に同化する

軽井沢の山荘

学びのポイント

電気設備が素材として建築になじむ

群として調和する

代官山ヒルサイドテラス

学びのポイント

一貫した思想により、集合体としてまとまる

2 建築の作法で造りこむ

引き算でデザインする

住吉の長屋

学びのポイント

要素をそぎ落とし、ディテールもこだわる

モジュール発想でデザインする

イームズハウス

学びのポイント

モジュールという規律で統一感を生み出す

3 建築の時間軸に応える

普遍性・永続性を持たせる

サヴォア邸

学びのポイント

時代を超えて支持されるデザインを生み出す

互換性・更新性を持たせる

中銀カプセルタワービル

学びのポイント

規格を統一して交換を可能にする

Archi Designで整う建築の未来

「建築の背景に徹する」「建築の作法で造りこむ」「建築の時間軸に応える」――。

こうした3つのコンセプトを体現する「Archi Design」によって、建築はどう変わるのか。

ここではその未来像を、デザイナーの工夫を交えながら、具体的な姿として提示してみよう。

イラスト＝吉田美春

Point.01

器具のサイズ・色・艶が揃う

天井に設置される照明やセンサーなどの電気設備はどれもサイズがバラバラ。たとえサイズを揃えても、同じ色ながら、色合いや艶の有無、その度合いが異なっている

▼

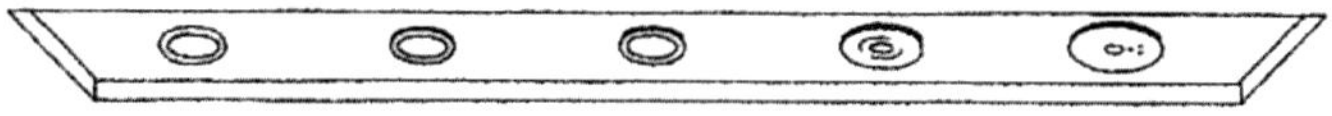

よく採用されるのが、天井を彫り込んでスリットを設け、その中に器具をすべて納めてしまう方法。黒く塗装したスリット内に黒色の器具を合わせて同化させ、差異を薄めることも

▼

Archi Designの目指す姿

埋込穴径φ75mm｜外形φ85mm

さまざまな電気設備のサイズを揃えることで、等間隔に並べるだけで空間が整う。色味や艶のないマットな質感など、見た目も器具を超えて統一していく

ダウンライトや非常用照明、センサー(感知器)や火災報知器……。ビルディングタイプや建築規模に応じて、天井や壁にはさまざまな種類の電気設備を、いくつも設置しなければならない。そんなときに、いつも最も設計者が頭を悩ませているのが、各設備器具のバラバラさだ。

たとえ同じメーカーの製品であっても、サイズは器具によって異なっている。また、見た目も多様だ。同じ〝白色〟といっても、真っ白に近いものから、アイボリーに近いものまである。実際に隣り合わせて並べてみると、その色味の差が非常に目立ってしまう。機器によっては、艶があるタイプしか選択肢がない、という場合もある。

この不揃い感を解消するためだけに、天井にわざわざ設備用のスリットを設計し、電気設備をひとまとめにする、という余分なひと手間を取られることさえあるのが現状だ。

「Archi Design」は、器具の種類を超えてサイズ、色、艶を揃えていく。色味も見直し、艶のないマットなものに変更・統一していく。配置や納まりに頭を悩ませることなく、さまざまな設備を等しく空間に同化させることができる。

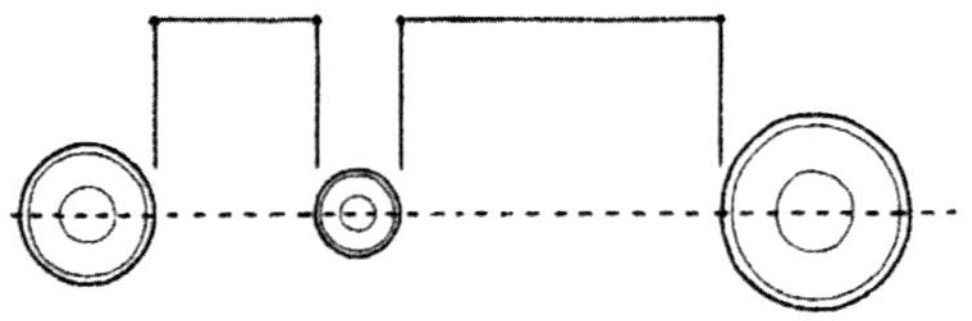

同じ丸い形状であっても、大きさが異なる電気設備をただ横並びにしただけでは、その不揃いさが際立ってしまう

▼

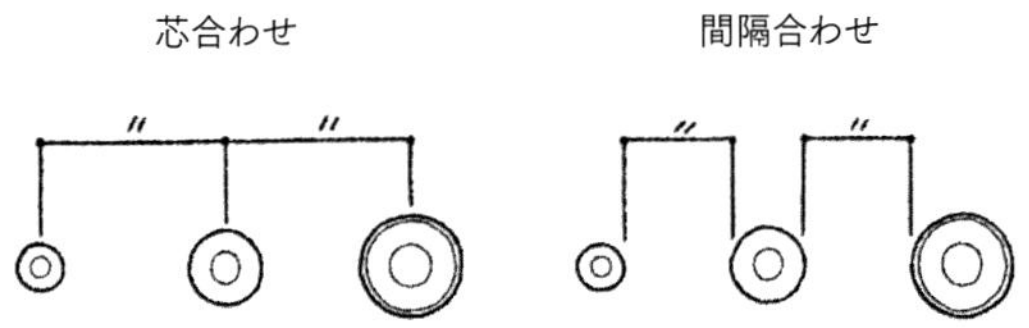

芯合わせで配置すると、器具どうしの間隔がバラバラになってしまう。かといって、器具を等間隔で配置しても、視覚的にはどうしても揃っていないように見えてしまう

▼

Archi Designの目指す姿

外径がφ85mmで統一されたことによって、芯合わせにして配置するだけで、天井の電気設備を整然と並べることができる

Point.02

器具の配置計画が楽になる

天井への電気設備の配置と間隔調整は、とても機械的で単純に思えるが、実際には設計のなかでも膨大な時間と手間を要する作業の1つである。

単純に同じサイズの器具を並べていく場合はあまり問題が起きない。しかし、仮に外径が異なる器具を複数設置する必要があるとき、設計をどのように進めるべきだろうか。考え方として、2つの方法が思い浮かぶ。1つは、設備の芯を基準にして間隔を割り出す方法。もう1つは、器具と器具の間隔を一定にして配置する方法だ。しかし、いずれの配置をとったとしても、やはり視覚的な不揃い感を拭いきることは難しい。

ダウンライトやセンサー類をはじめ、「Archi Design」の円形の器具の外径は、基本的にφ85㎜で統一されていく。そのため、単純に芯合わせで配置していけば、簡単に器具を整然と並べることができる。これまで規格がなかったことで、天井に設置される設備は、製品ごとに個別最適でデザインが展開されてきた。天井にも全体最適で規律を与えるプラットフォームが生まれることで、見た目だけでなく、配置検討や施工の煩わしさからの解放も目指していく。

Point.03

器具の存在感が抑えられる

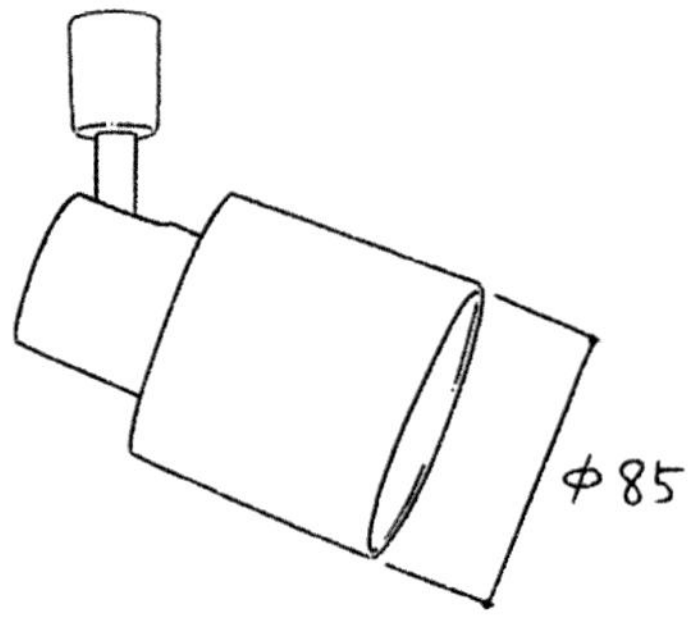

一般的なスポットライトはボリュームが大きく、造形も凹凸が多い複雑なものになっている。空間のなかで悪目立ちせざるを得ない

▼

Archi Designの目指す姿

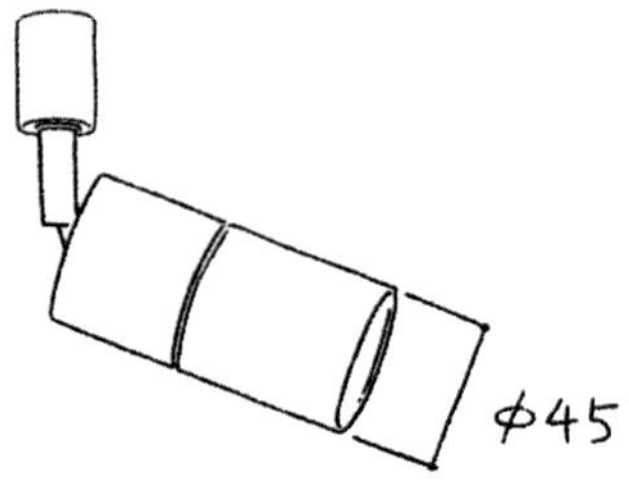

形をシンプルな筒状に変更。灯具幅もφ85mmからφ45mmにすっきりと縮小させることで、空間での存在感を抑えている

スポットライトは、角度の調整が効く。ダクトレールに設置する場合は、角度だけではなく位置の変更、器具の増減が容易なため、とても使い勝手がよく、さまざまな建築で重宝される照明器具の1つとなっている。

しかし、空間に大きく表出する器具であるにもかかわらず、そのデザインや形状、寸法は、同じメーカーの製品であっても、ブランドラインや発売時期によって、かなり大きな差があった。また、広さや天井高によっては、その存在感はとても強く感じられ、空間のノイズになりがちだ。いわば、設計者の工夫で解決しづらいアイテムでもある。

「Archi Design」の新しいスポットライト「Compact Lamp」〔118-121頁〕は、こうした悩みを一掃するものである。ヒンジやコードをすっきりと納め、全体を水平・垂直を基調としたシンプルな筒形の形状としたことで、さまざまな空間と調和させることができる。

また、ランプ自体が灯具を兼ねることでφ85mmだった灯具幅をφ45mmにまで落としてスリム化した。器具単体の存在感が抑えられたことで、複数使用しても群としてまとまる。

Point.04 操作パネル類が整然と並ぶ

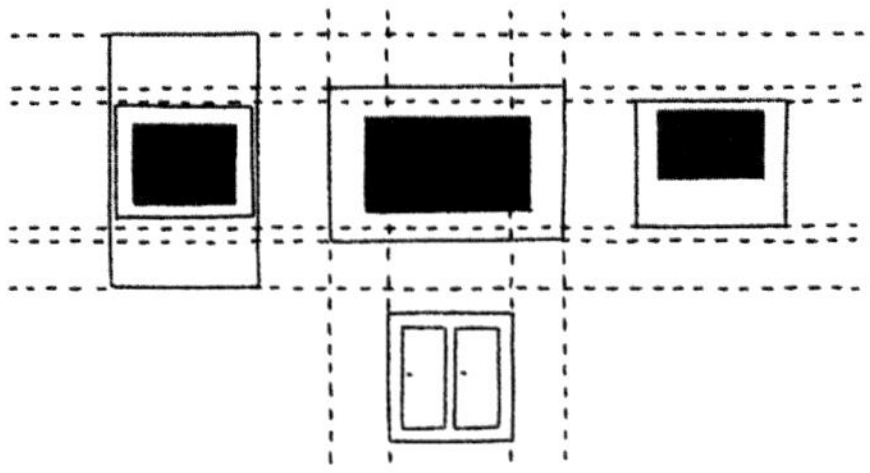

設備の操作パネル類は、可能な限り1箇所にまとめて並べたい。しかし、サイズや形、パネル表面の色味や素材感、ロゴの入り方まで何もかもがバラバラで、雑然としてしまう

▼

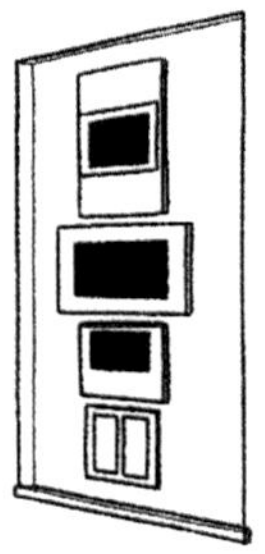

壁面にニッチを設け、その中に操作パネル類を並べる工夫もよく見られる。たしかに存在感はやや薄まるが、設計や現場造作の手間が増える割に、その違和感を拭いきれない

▼

Archi Designの目指す姿

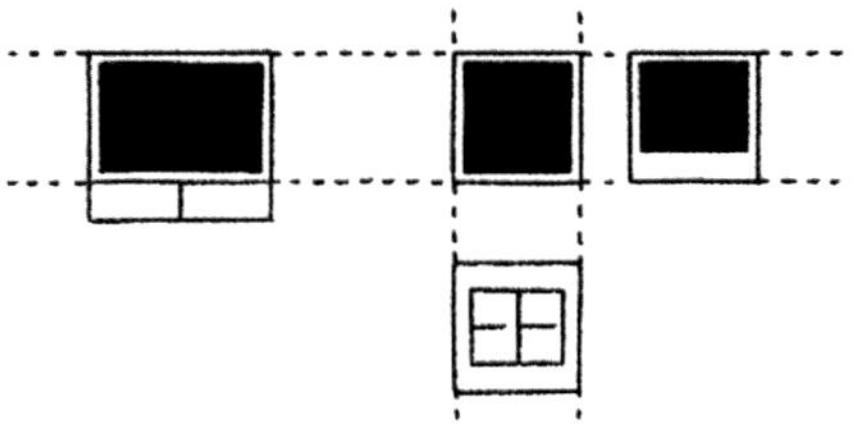

器具を問わず、操作パネル類のフォーマット(幅、水平・垂直や素材感など)を統一していく。それによって、複数の操作パネルを並べても、整然さが生まれる

エアコンや給湯器、インターホンなどの操作パネルの配置は、とても悩ましい課題である。サイズや表面の色味、素材感、ボタン形状やロゴの入り方と、挙げればきりがないほどに、操作パネルのデザインは器具によって多種多様だ。

壁面をすっきりとさせながら、住まい手の使い勝手もよいように、操作パネル類は可能な限り1箇所にまとめて納めたいもの。かといって、そのまま並べると、より不揃いさが目立ってしまう。

たとえば、壁面にニッチを設け、その中に操作パネル類を並べる工夫もよく見られる。たしかに存在感は薄まるが、違和感が消えきることはなく、設計の手間にも見合わないように感じられる。ボックスを設えて蓋をし、操作パネルを隠す方法も考えられるが、住まい手にとって使いやすいものとはいいがたい。

バラバラな操作パネル類のフォーマットを、「Archi Design」は建築設計と同じ作法でリデザインしていく。操作パネルの高さや幅をそろえ、余計な角のアールを設けない。ボタンは平面を水平・垂直で分割した構成で、造形ノイズを削減するとともにボタン面積を最大化することで使いやすさを両立させていく。

Point.05

器具を取り換えても見た目は同じ

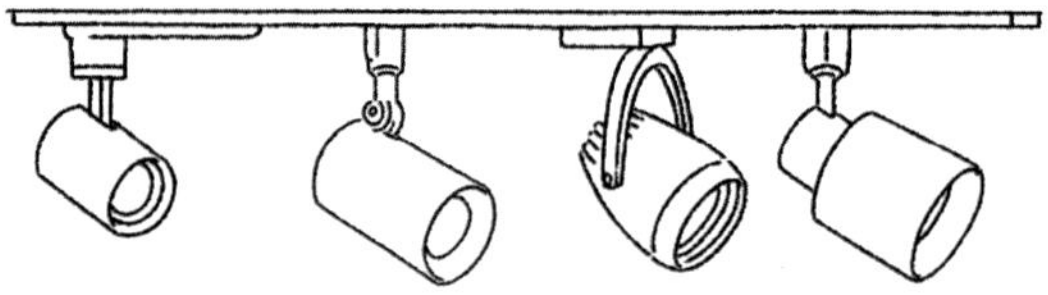

壊れたスポットライトを同じものに交換したところ、新製品はデザインが変わっていた。統一感が失われ、新しく交換した器具だけが、不必要に目立っている

▼

Archi Designの目指す姿

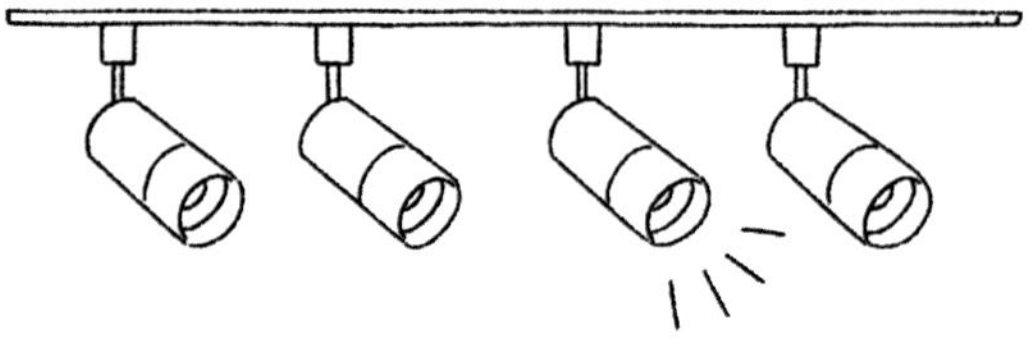

製品のデザインを普遍性の高いものに統一。今まで使用していた既存品と、交換した新製品が並んでも、以前と同じ統一感を保つことができる

たとえば、デザインを揃えて複数設置した照明器具のうち、1つだけが寿命を迎え、交換が必要になることがある。そんなとき、多くの場合は、以前と変わらない状態を保つために、同じ機種を探して再度購入し、交換をするだろう。しかし新製品には、デザイン上のマイナーチェンジが施されていることが頻繁にある。そのため、いざ設置してみたところ、以前から使用していた既存の照明器具とは調和せず、差異がかなり強く目立ってしまうことがある。これは、照明器具に限ったことではない。ほとんどの設備や家電類は、新製品への切り替えのタイミングで、デザインに仕様変更がなされている。

　一方、名作と謳われるプロダクトのデザインを見てみると、それらは時代が変化してもまったく古びることのない、普遍性を備えている。当然、デザイン変更の必要はない。「Archi Design」も、こうした普遍性を追求した思想のもと、製品デザインを一新していく。今後は、デザイン変更を必要としない、いわば〝定番〟の商品を継続して提供し、新旧を隔てることのない、設備器具どうしの調和を可能にする。

Point.06

器具の取り付けや交換の手間が省ける

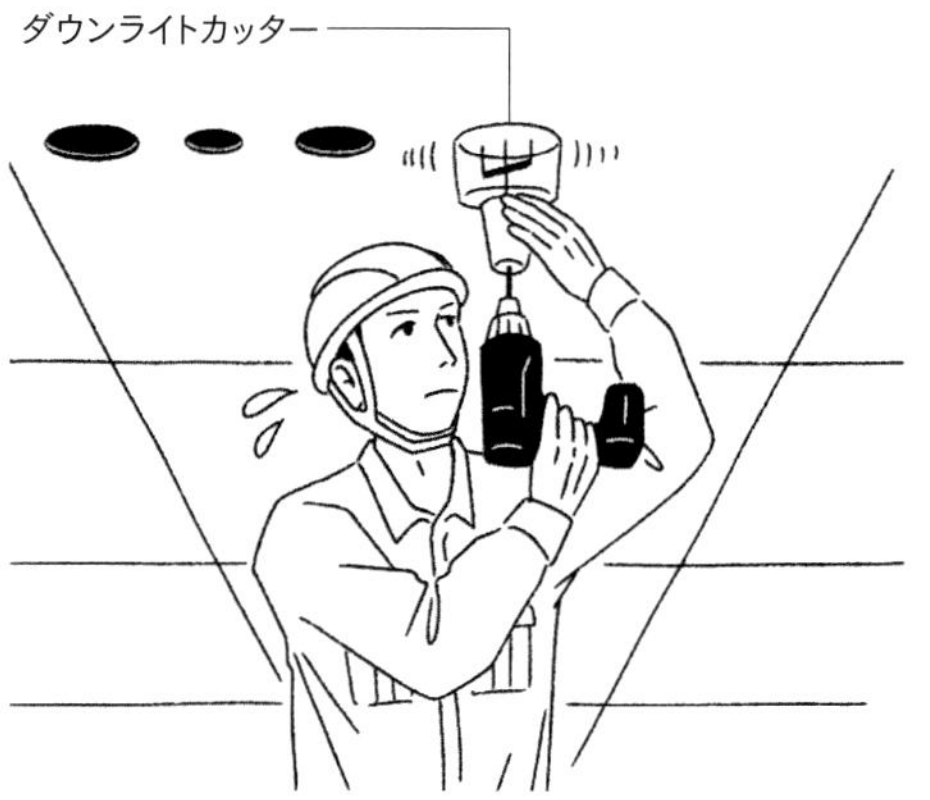

器具によって穴径が異なると、その都度ダウンライトカッターを調整するため、施工に時間がかかる。ばね式やネジ式など、器具によって取り付け方法が違うことも施工の手間を増やしている

▼

Archi Designの目指す姿

どの器具も埋込穴径ϕ75mmで統一されることで、施工性が向上。穴サイズの空け間違いによる手戻りもなく、交換時も新たな作業が発生することがない

電気設備の種類を超えてサイズを統一することは、設置後の美しさだけでなく、施工性に対しても大きな効果を生みだす。

たとえば、天井にダウンライトや非常用照明、センサー類を取り付ける場合。器具によってその穴径が異なっていると、施工者はその都度ダウンライトカッターを調整しなければならない。そのため、施工には大きな手間と時間がかかってしまう。オフィスや商業空間のような、設置する設備の種類や数が多い現場では、穴径を間違えるといった施工ミスにつながる可能性もある。また施工後も、器具の交換のたびに、天井に新しく穴を開けなければならない。

埋込穴径ϕ75mmで統一されていく「Archi Design」の電気設備を用いれば、こうした余分な手間やコストを抑えることができる。施工においては、一度ダウンライトカッターの穴径を設定してしまえば、開口作業を連続して行うことが可能だ。設備を交換する際も、新たに穴を開ける必要がなく、その後のリノベーションにも対応しやすい。また同じ穴径のものを採用すればよいので、商品選定にも迷いは生まれない。

Point.07

商品を迷わずに選定できる

電設資材の総合カタログは、分厚くて重い。さまざまな種類の器具があるものの、結局採用するのは、いつも同じ商品。置き場所に困るし、毎年更新されるため、廃棄も一苦労

▼

Archi Designの目指す姿

「Archi Design」では、デザイン思想が統一されているので、空間が自然と整う。商品を選ぶのにも時間がかからず、“タイパ”の向上にもつながる

そもそも、電気設備はあまりに種類が多すぎる。それがかえって、設計者を悩ませている場合さえあるという。色や質感など、選択肢が多様であればあるほど助かる仕上げ材とは異なり、特にコンセントやスイッチなど、あらゆる場面で採用される定番の設備器具は、結局いつも同じ商品を採用しているという設計者も多い。

普段は採用しない設備器具を選定しなければならない場合は、なおさら大変である。数あるメーカーの何種類もある分厚いカタログを見比べて、必要な性能やサイズ、色艶を見極めることなど、ほぼ不可能に近い。選んだバラバラのメーカーの機器を現場で合わせて見え方を整えていくことも、やはり手間がかかってしまう。

「Archi Design」は、統一された価値観でつくられた製品をラインアップ。どの製品も、形状やサイズ、色展開などが総合的に統一された最適解のデザインなので、どんな電気設備も「Archi Design」の製品群から選んでおけば、自然と世界観が整っていくはずだ。選定がスムーズになり、現場での不要な苦労は今後なくなっていくだろう。

Point.08

〃トリセツ〃や梱包の無駄をなくす

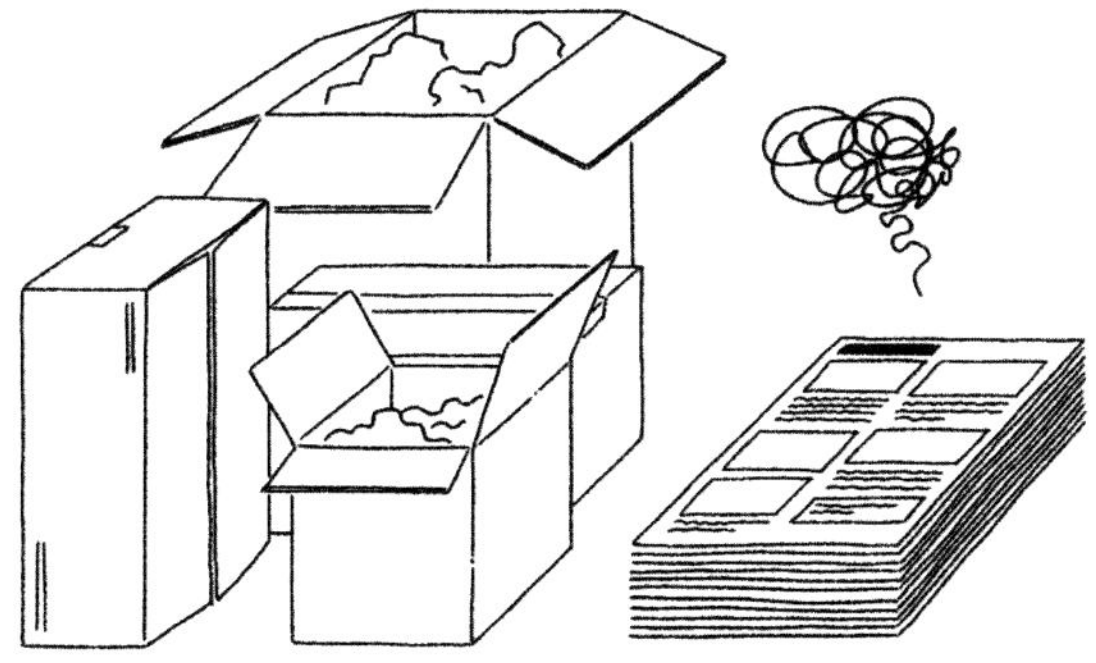

1箇所の工事で複数の同一商品を使用する場合、余分な取扱説明書や別紙商品情報、施工説明書が大量に出てしまう。ほとんどが、工事完了後に廃棄される。梱包材も多い

▼

Archi Designの目指す姿

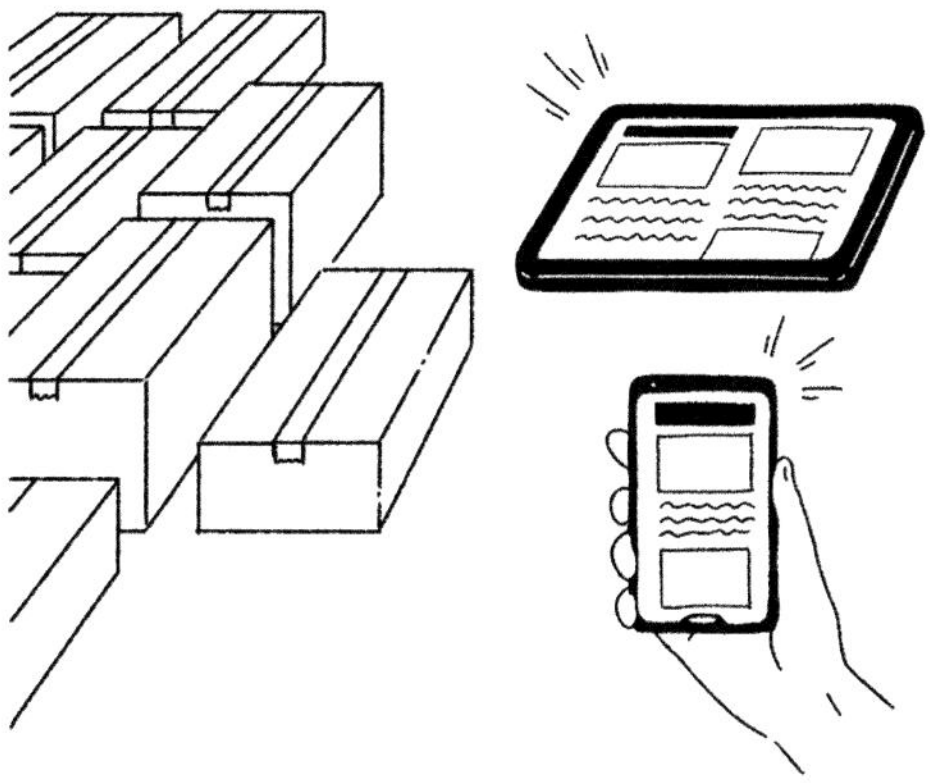

取扱説明書や施工説明書を電子化していく。QRコードから簡単にアクセスできるので、紙の使用量を削減するだけでなく、施工現場での利便性も向上する。梱包材も少ない

広いオフィス空間や、たくさんの個室を有する宿泊施設では、同一商品を大量に設置する場合が多々あるだろう。こうした現場を施工後に確認してみると、そこには取扱説明書（通称＝トリセツ）や別紙の商品情報、施工説明書など、商品に添付されていた同じ内容の書類が、山のように積み重ねられていることがある。

大量の冊子のうち、施工の際に開封して確認・使用するものや、その後保管する数冊を除けば、その大部分は開封さえされずに、工事完了後にごみとして廃棄されてしまう。無駄としか表現できない、こうした資源のロスに対して、何かアクションを取ることはできないのか。

限りある資源を節約し、環境への配慮を積み重ねることも、「Archi Design」の使命の1つ。それは製品に限ったことではない。取扱説明書や施工説明書を電子化し、使用する紙やインクを削減する。情報にはQRコードから簡単にアクセスできるので、施工現場での利便性もむしろ向上するだろう。梱包材も同様だ。情報表示を最適化することで、印刷面積を抑えていく。また、規格自体も統一し積載・輸送効率を上げることで、環境負担に配慮する。

Archi Designの目指すコンセプト

建築そのものになること

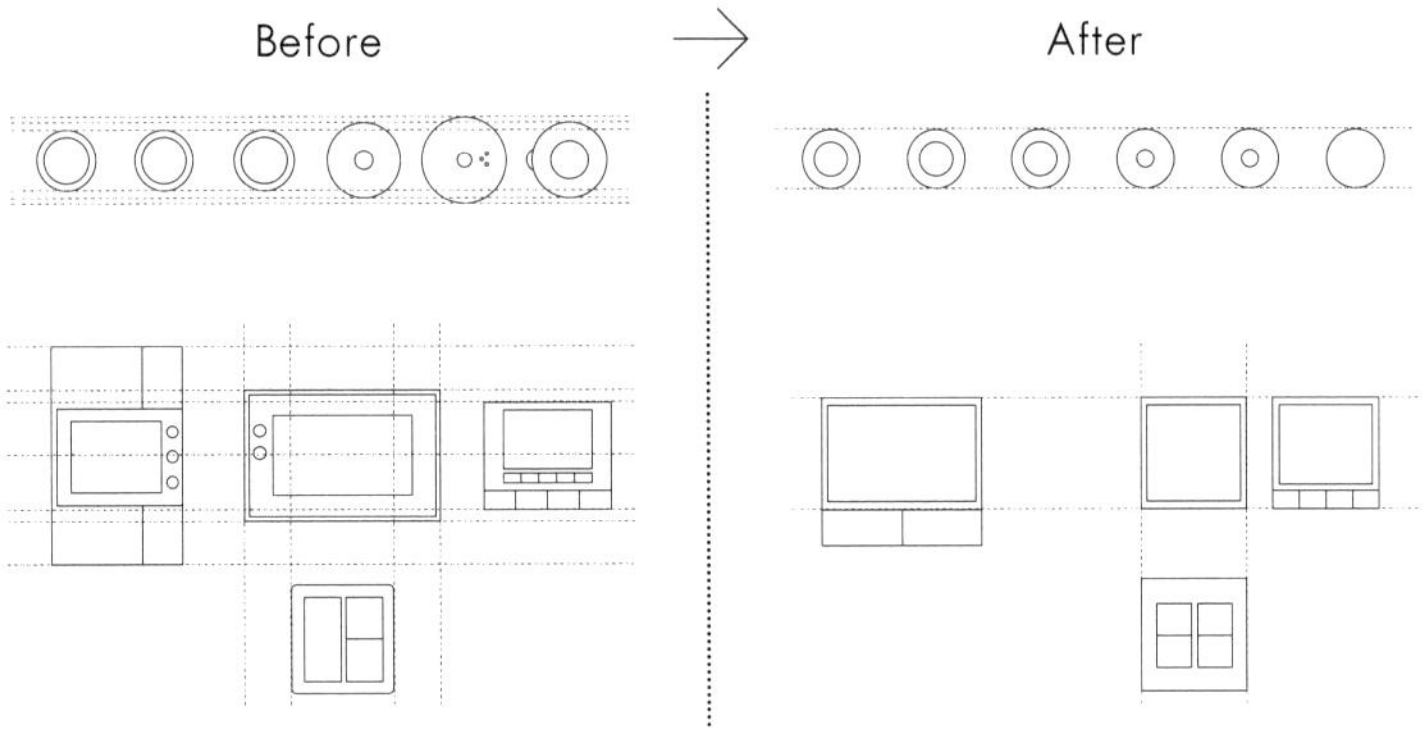

サイズ、色、仕上げを統一

点・線・面を引き算で整理。造形的なノイズを抑え、サイズ、色、仕上げを統一することで、空間に同化させていきます。

天井・壁・床の幅広い商品群を同じ世界観で調和させ、継続して提供し、より美しい空間に。

過ごす人の心地よさやWell-Beingを高めていきます。

環境配慮を重ねること

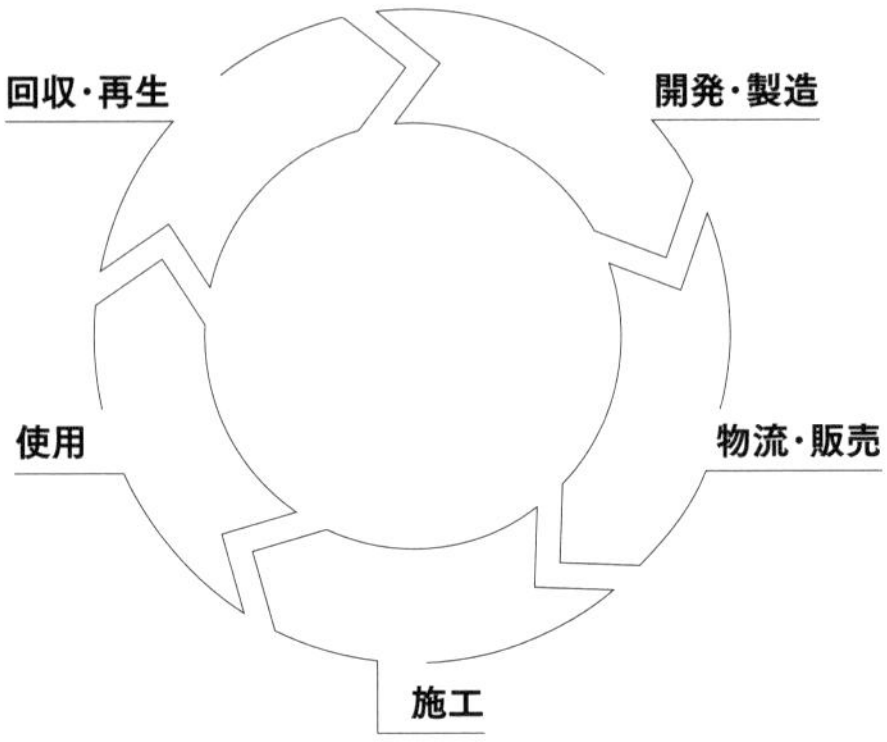

サーキュラーエコノミーの考え方

モジュール設計により、互換性、更新性を持たせ、設備更新、用途変更、テクノロジーの進化に対応。

色や部品を集約し、環境によい塗料や材料に転換していきます。また、開口などの施工寸法や施工方法を統一し、効率を高めて、人手不足や資材高騰をも見据えた商品開発を進めていきます。

事例から学ぶ——建築と設備の調和

第一線で活躍する設計者たちは、
実際にどのような工夫を凝らしながら
電気設備を空間に調和させているのだろうか。
ここでは、それぞれの実例を見てみよう。

「お宿Onn中津川」のレセプション。鉄骨を岐阜県産ヒノキで被覆した1時間耐火構造「燃エンウッド」(竹中工務店)の柱とカッパー色のH型鋼が交差し、空間デザインの中心となっている。受付カウンター上のグレーの天井や、茶色の格子天井面では、それぞれダウンライトと非常用照明を天井の色に合わせて着色し、器具自体をなじませている[写真＝西川公朗]

Case Study
01

建築の色彩に合わせて設備の存在を消す

成瀬・猪熊建築設計事務所

特に店舗の空間デザインでは、象徴的な色使いを大切に。こだわって選定した空間の色彩を損なわないようにデザインとして気になる箇所の設備器具にはすべて特注色を指定。現場で丁寧に検討・調整しよう。

「meet tree GINZA」の天井面。岐阜県産ヒノキを使用したヴォールト天井に設置したグレアレスダウンライトやスプリンクラーは、ヒノキの淡い色味に合わせて枠をベージュ(日塗工番号：19-60H)で着色。グレアレスダウンライトやスプリンクラーは、羽目板の目地に重ならないように配置[写真＝平林克己]

Case Study
02

ダウンライト類は散らすと違和感がない

川島範久建築設計事務所

**経済性も重要なポイントになる
賃貸オフィスの設計で
ダウンライトは使い勝手がよい頼れる存在。
適切な間隔でグリッド状に配置し
数の多さをうるさく感じさせず、
ほかの設備器具との調和も図れる。**

[右]「REVZO虎ノ門」の10階共用フロアのラウンジ。天井にはダウンライトをグリッドに沿いながら分散させて全体に配置し、真下を照らしている。壁際には、ユニバーサルダウンライトを採用して角度を変更し、壁を照射。場所ごとに調整することで、空間全体の照度を確保。スピーカーや非常用照明などの設備類は、照明のグリッドラインを意識しながらも、一箇所に寄せすぎてかえって目立ってしまわないよう、バランスを考えながら配置した[写真＝水谷綾子]

[下]ダウンライト・ユニバーサルダウンライトは1,200mmピッチで配置。スプリンクラー、天井埋込みスピーカーなどをまとめて配置した箇所のピッチは600mm

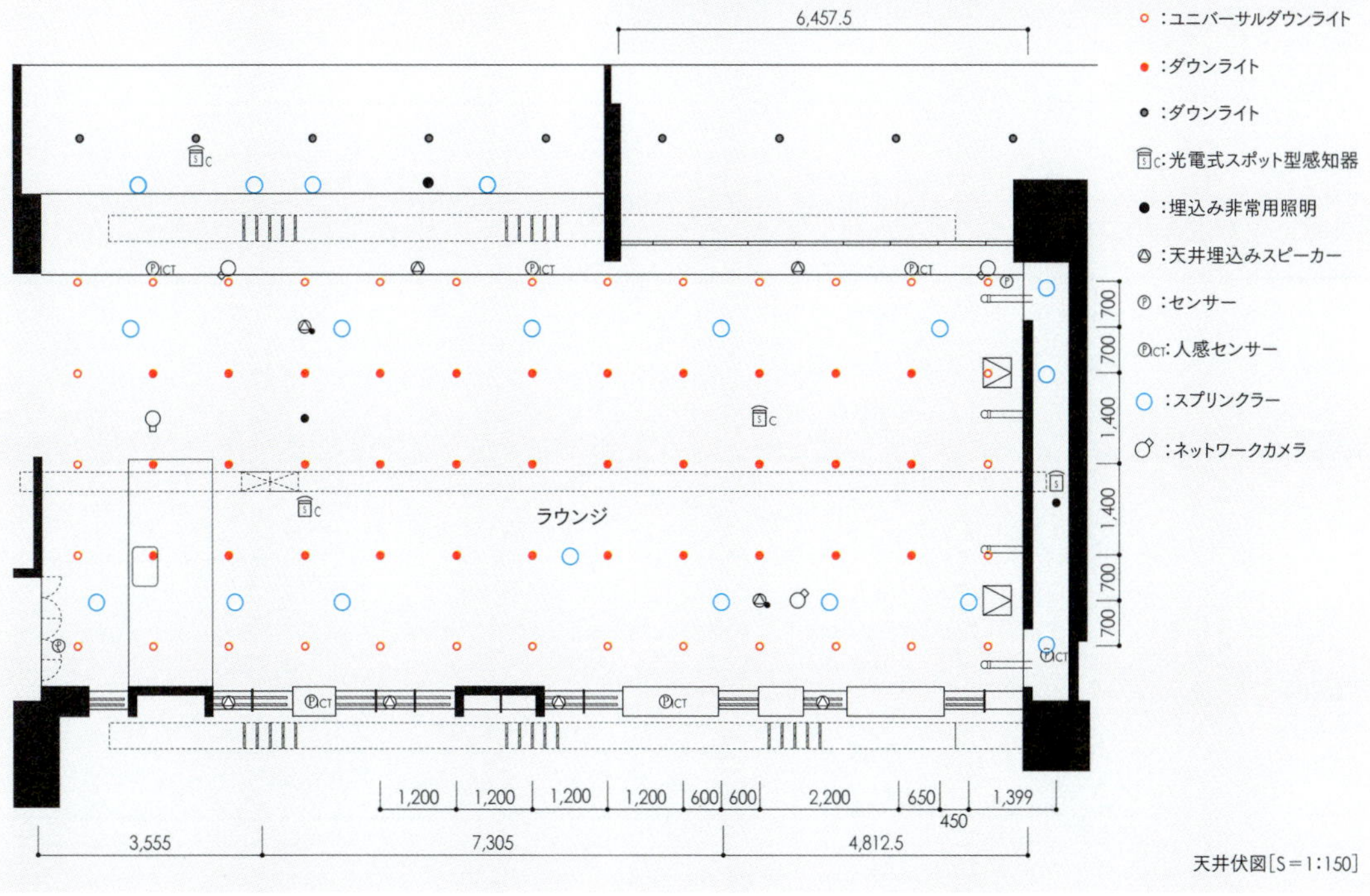

天井伏図[S＝1:150]

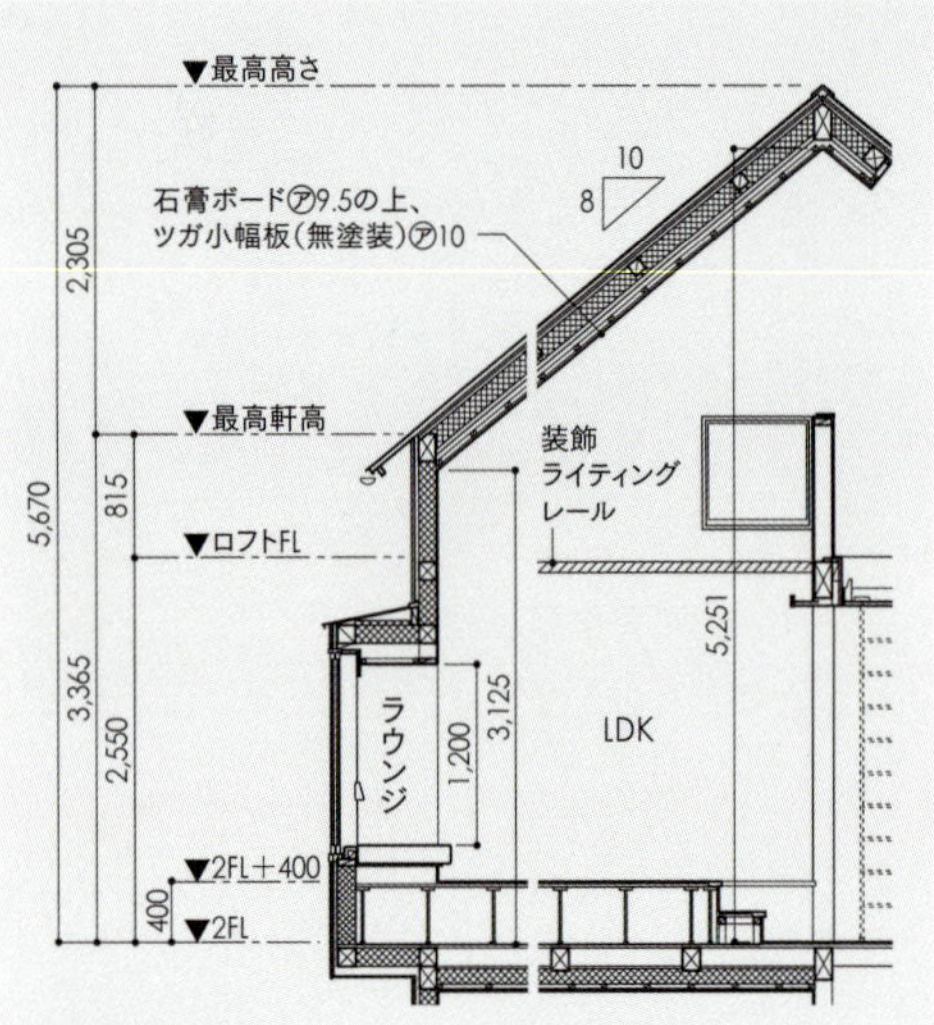

断面図[S＝1:100]

「drop」の2階。ライティングレールを設置したことで、天井高を生かして仕上げ面をすっきりと見せつつ、照明の位置変更や交換など、住まい手の使い勝手の面も解決。ライティングレールの側面をタモ無垢材で挟み込み、木の梁のように見せることで空間との調和を図る[写真＝平林克己]

Case Study
03

化粧ダクトで空間を分節する

リオタデザイン

一面をすっきりときれいに見せたい、高さと勾配を生かした天井。
スポットライトやペンダントライトは、
梁のように化粧したライティングレールに設置。
位置変更や交換がしやすく、空間にリズムも生まれている。

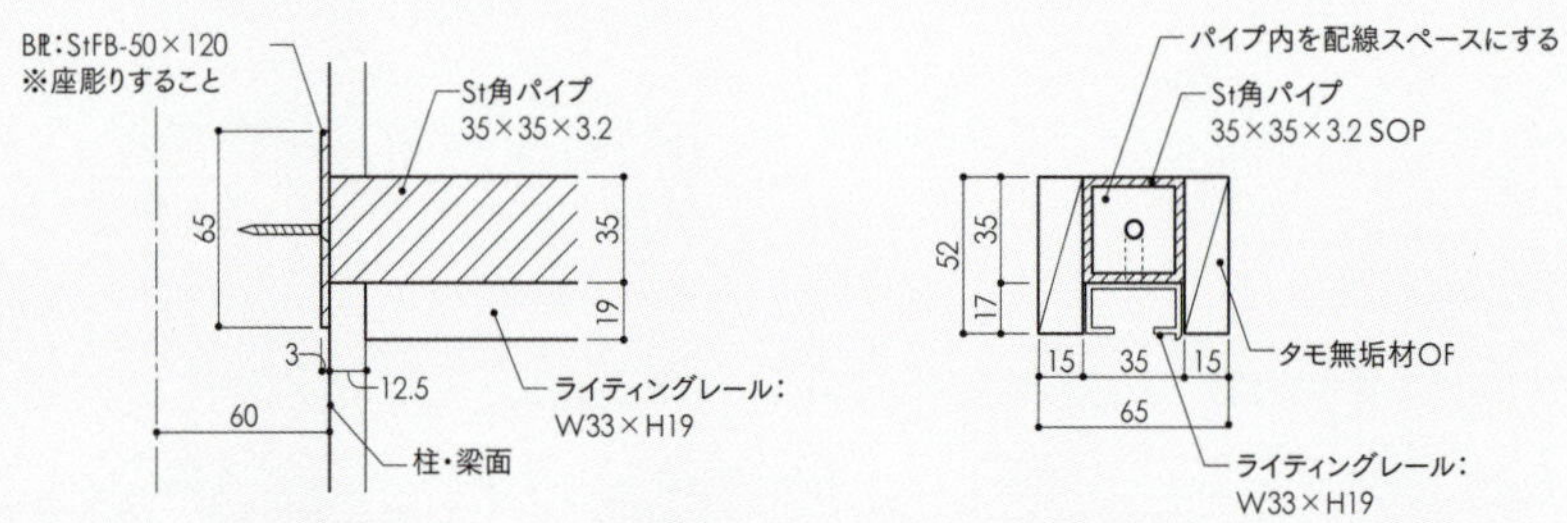

断面詳細図[S＝1:5]

30mm角のスチールの角パイプを下地に、ライティングレールを取り付け。両端はベースプレートにして、柱・梁に固定。角パイプ内を電気配線のスペースとして確保し、無駄なく納めている

「天神町 place」の604号室。コンクリート打設時に、あらかじめライティングレールを設置するための溝を天井に設けている。天井面とライティングレールがフラットに納まり、空間がすっきりとした印象に[写真＝平林克己]

Case Study
04

天井を彫り込んでダクトの凹凸を消す

伊藤博之建築設計事務所

器具の位置をフレキシブルに変更できるライティングレールはさまざまなライフスタイルに対応する必要のある集合住宅では重宝する。空間にノイズを生まないようにライティングレールを天井面に揃えてフラットに納めると美しい。

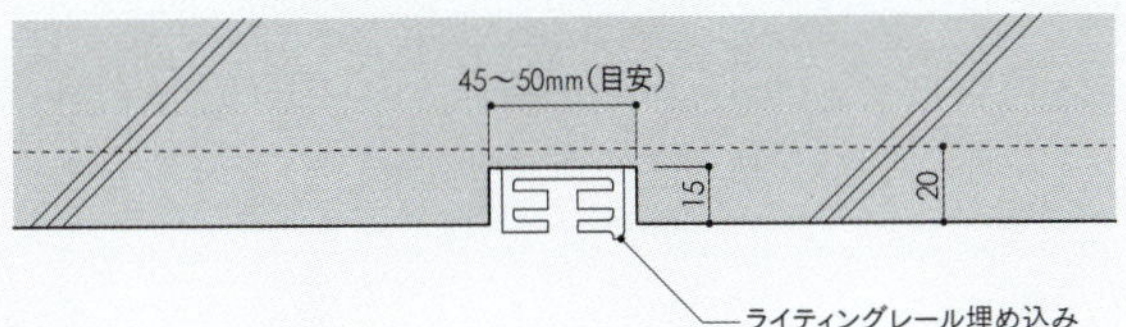

断面図[S=1:4]

構造スラブに増し打ちを行い、器具寸法＋αの溝(両側で10〜15mm程度)を設けて、ライティングレールを直付けしている[写真＝平林克己]

Case Study
05

サインとインターホンの大きさ・位置を揃える

佐々木達郎建築設計事務所

カメラやボタン、スピーカーなど要素が多く建物の顔であるエントランスではノイズになりがちなインターホン。サインに合わせたカバーを製作しすっきりと溶け込ませたい。

「Kikka Hirado」の玄関。ファサードのルーバー張りした羽目板3枚分に合わせ、サイン照明とインターホンカバーを製作。色味も合わせ、すっきりとした印象に［写真＝嶋井紀博］

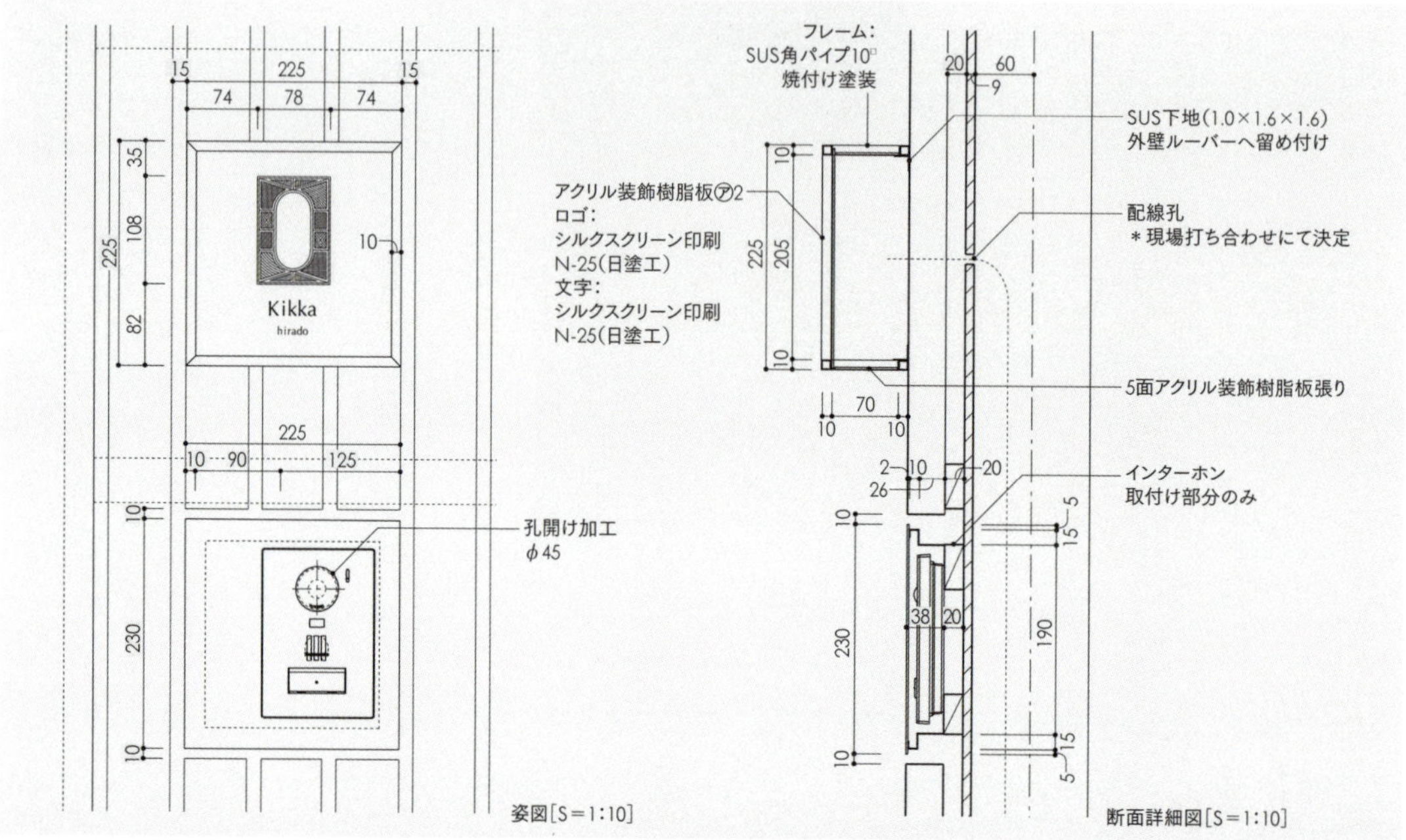

カバーはカメラ部を開孔し、表面に白字で日本語、英語の注意表記を印字。壁面ルーバーと同面で納めて、存在感を抑えている。インターホンカバーとサインの幅は、ルーバー張りした羽目板3枚分（225mm・目地15mm）

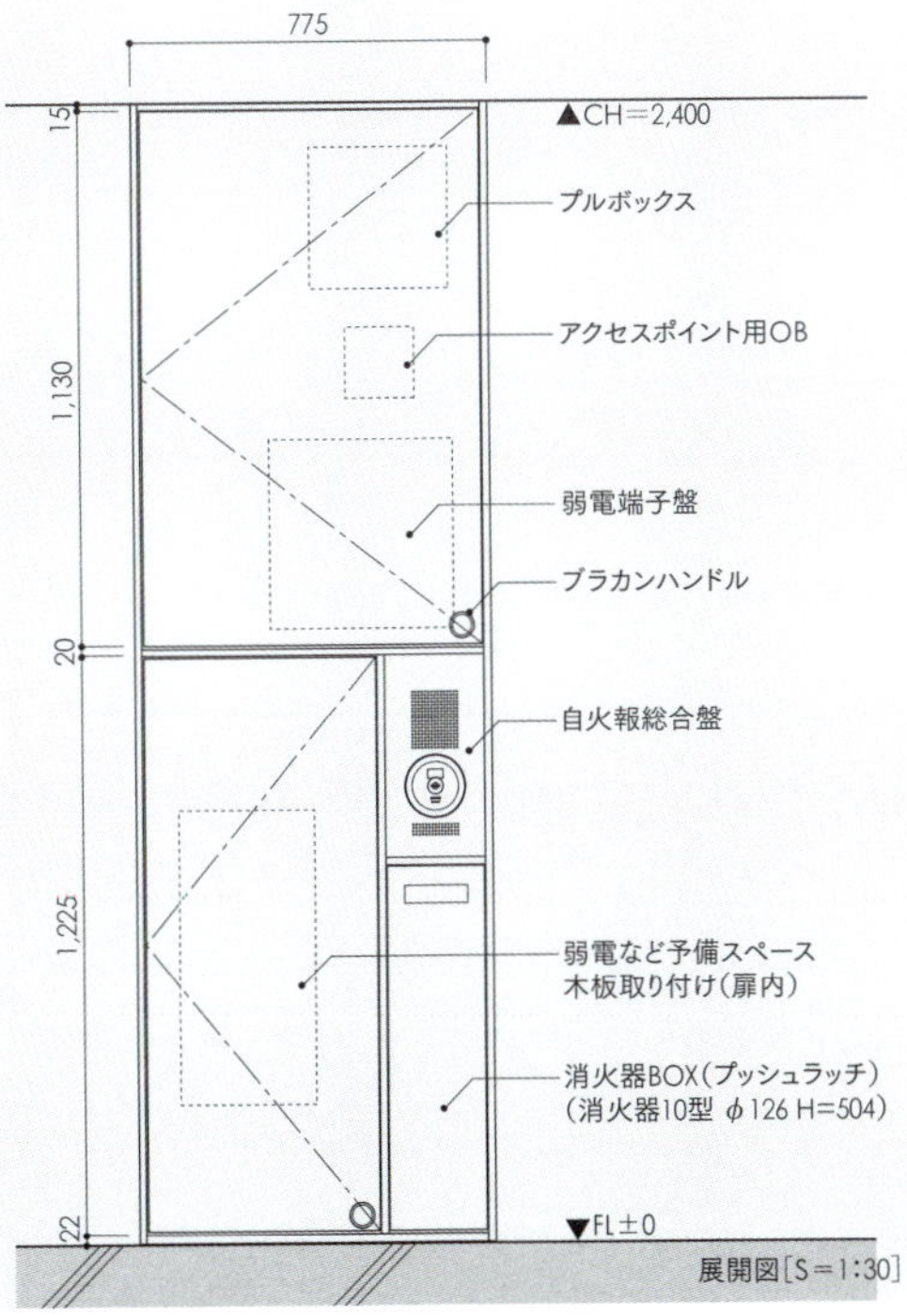

展開図[S=1:30]

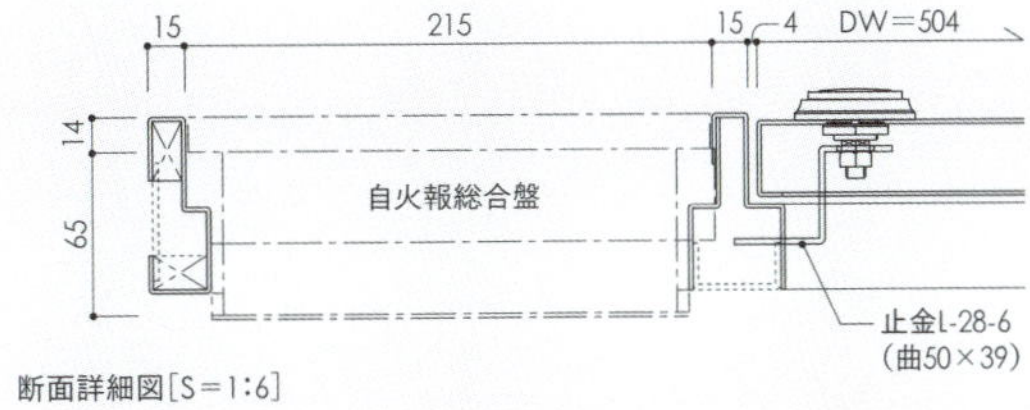

断面詳細図[S=1:6]

[左]電気設備設置位置を展開図で指示
[右]フレームの見付け幅は15mm、目地は4mmで設定

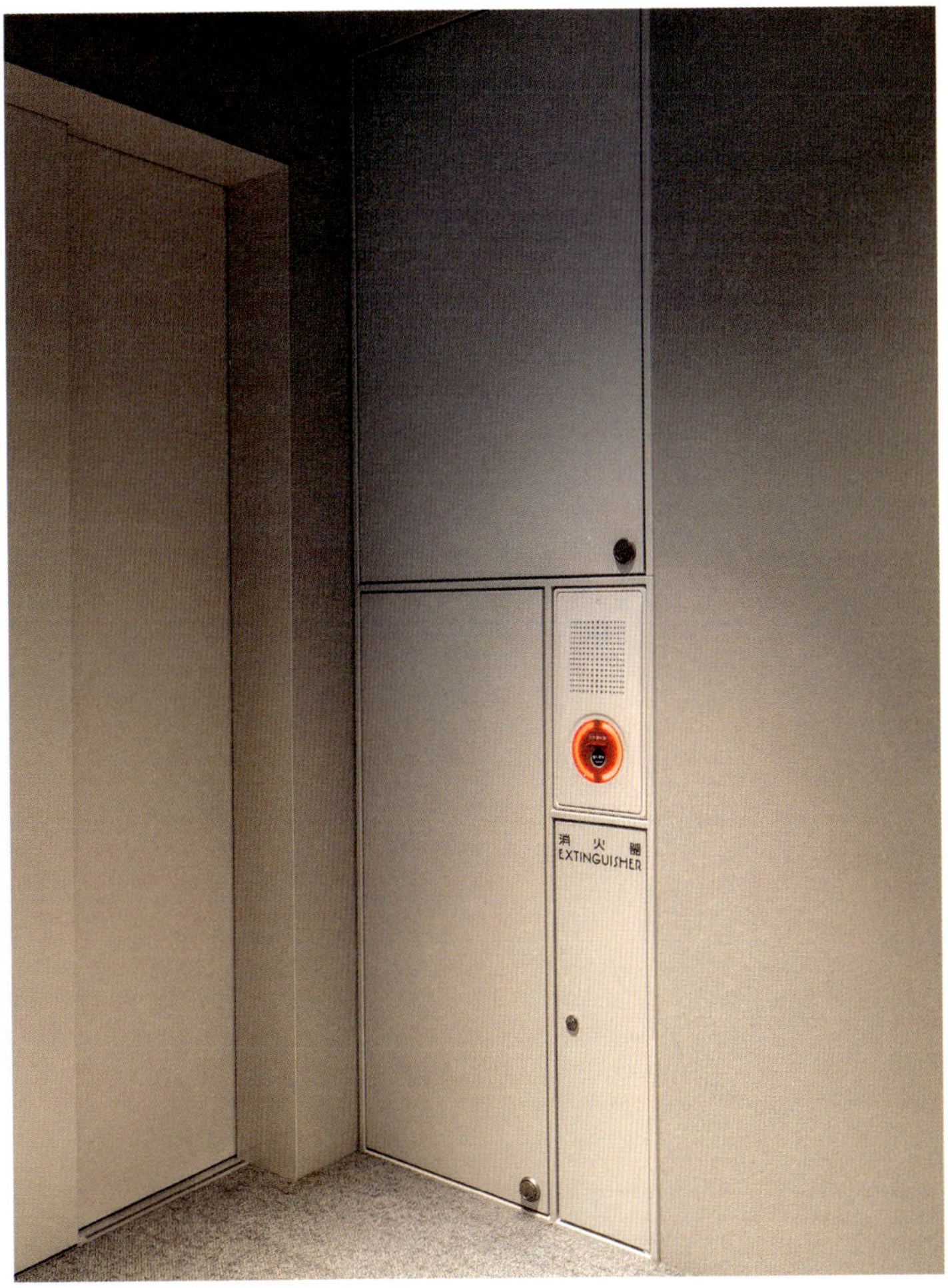

Case Study
06

EPSも整然とした設えに

小大建築設計事務所

存在感の強いEPS(Electric Pipe Space)は空間デザインと調和せず違和感が発生しがち。天井いっぱいまでの壁面を使用しスリムにレイアウトしたことで整然と見せている。

「Hotel Rakuragu」の6階廊下。H2,400mm×W775mmのスペースを活用して、電気設備をひとまとめにレイアウト。自火報総合盤は既製品だが、見付け15mmのスレンダーなフレーム内に格納したことで、全体となじみ、一体感が生まれている。その他の電気設備は開き扉内に格納。角に開閉可能なブラカンハンドルを取り付けている[写真=渡辺慎一]

Case Study
07

何もないシンプルな天井を可能にする間接照明

永山祐子建築設計

[上]両サイドに納めたコーブ照明で天井をライトアップ。ライン照明2列を配置して、店舗空間全体の照度にも配慮しながら設計されている。空調のRAスリットなども一緒に納めて、徹底して設備が表出しないように設計されている
[写真＝阿野太一＋楠瀬友将]

[下]間接照明ボックスの立上りは器具高さに合わせて70mm。最上部の排煙窓は、スポットライトとともに天井懐内に納められている

照明をはじめ、一切の電気設備を設置せず
吹抜けの空間にかかる大天井をノイズのない状態に。
天井高を感じさせない広がりのある空間を実現している。

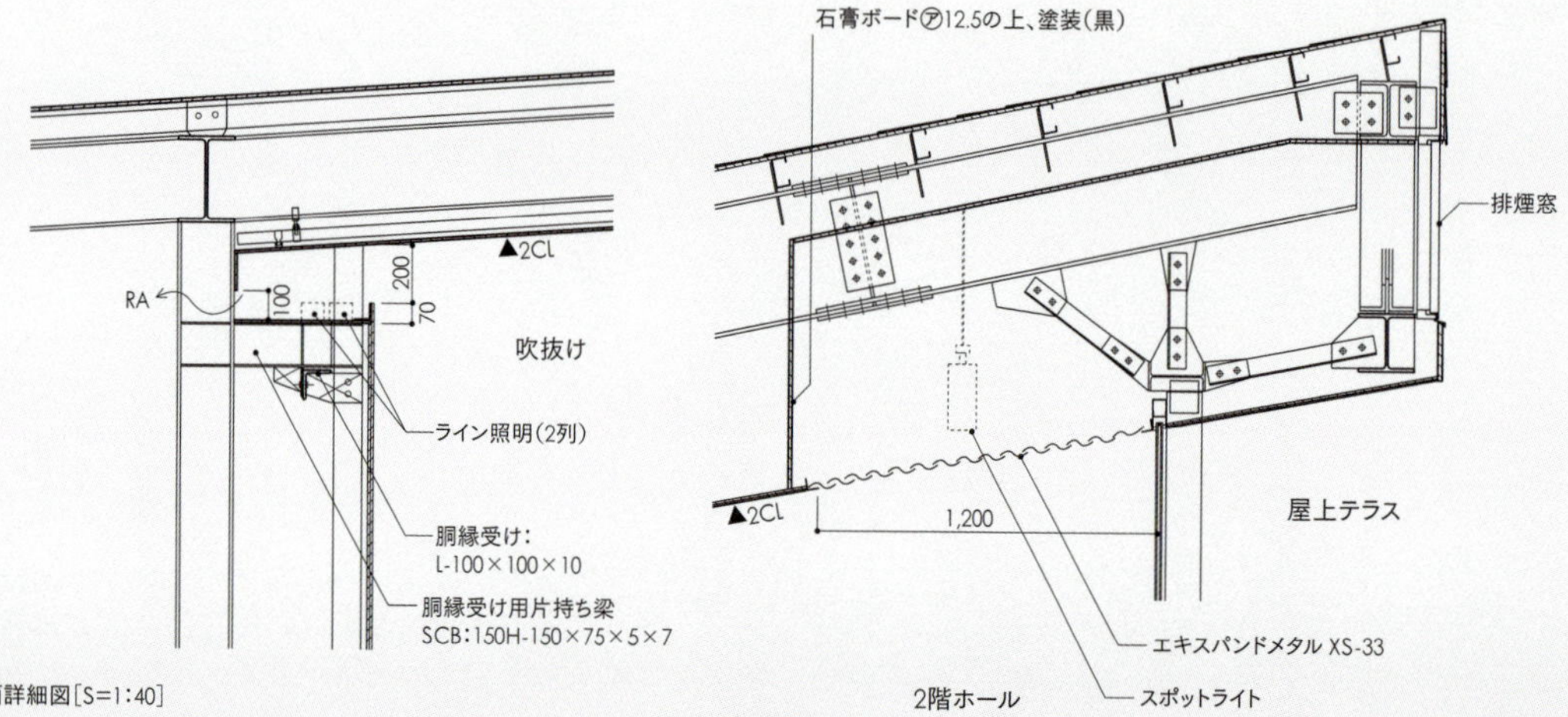

断面詳細図[S=1:40]

商品展示会のモデル空間「BASIC HOUSE」。壁掛けエアコンと両隣の吊り戸棚収納の上部にコーブ照明を設置。吸気のためのクリアランスを、間接照明の光を拡散させるための反射板としても利用［写真＝水谷綾子］

Case Study
08

エアコンと天井の間に間接照明を仕込む

日吉坂事務所

壁掛けエアコンに必要な空気を吸い込むための上部のクリアランスをうまく利用して間接照明（コーブ照明）の光を柔らかく広げる。設備の露出を避けて天井面や壁面をすっきりと保ちつつ明るく奥行きのある空間に。

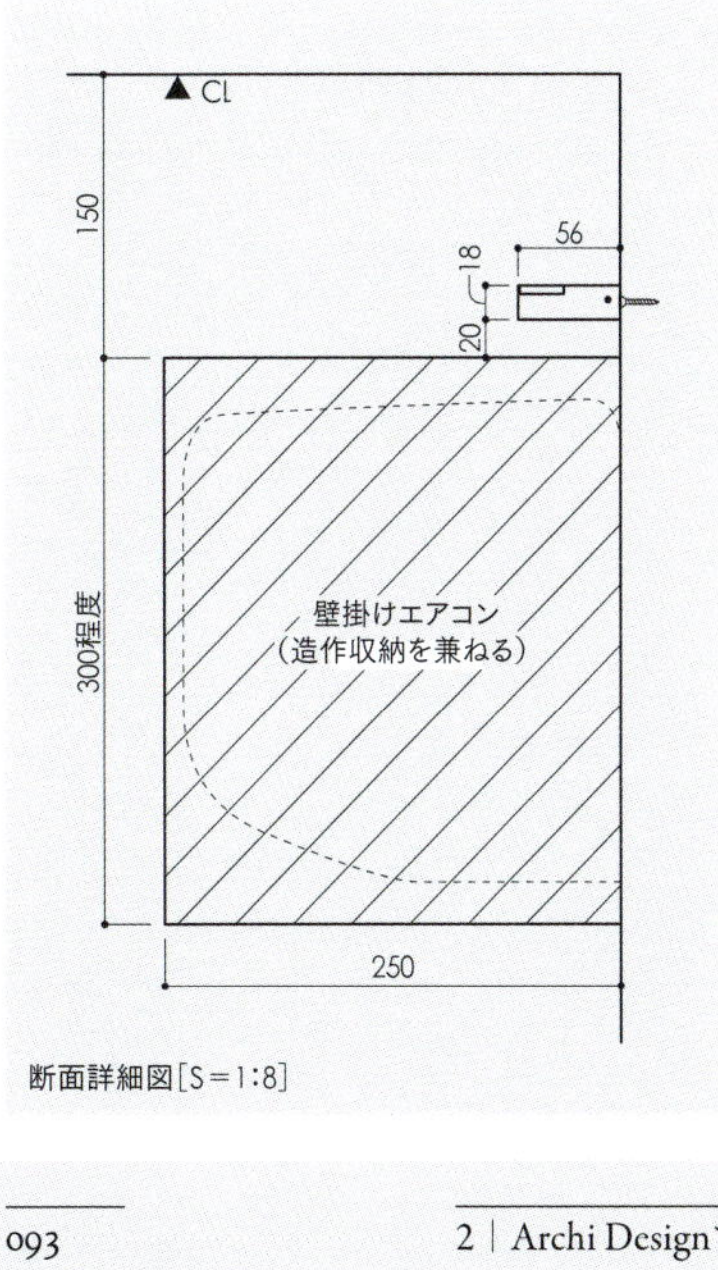

断面詳細図［S＝1:8］

採用されたライン照明は「スリムライン照明」。側面付けが可能で、光漏れがないので、造作で隠す必要がなく、照明器具単体のみで美しく納められる。天井とのクリアランスは150mmで設定

オフィスの天井では、空調設備と電気設備の取合いが非常に難しい。エアコン本体は天井内に納めながら間口にスリットと照明を設置し設備の露出を最小限にすることで天井面を美しく保つ。

Case Study
09

空調用のスリットをライン照明に生かす

FLOOAT

［上］「三井物産都市開発 本社オフィス」の天井面。梁下に合わせて天井を張り、エアコン本体はその中に納めている。必要なリターンは間口いっぱいに設けたスリットで確保し、その両脇にはライン照明を仕込む。ほかにも、外に出ると煩わしい電気設備や配線類は天井裏に格納して、表面にはスプリンクラーなど必要最小限の設備を配置している。設備のために設けられたはずのスリットが、光と影の繰り返しのリズムを生みつつ、天井高の低い空間ながら奥行きを強調して、デザインのアクセントを兼ねる［写真＝水谷綾子］

［下］梁の内側に270mmのクリアランスを設けて、空調吹出し口を移設。仕上げた天井面の中央に、スプリンクラーなどを配置

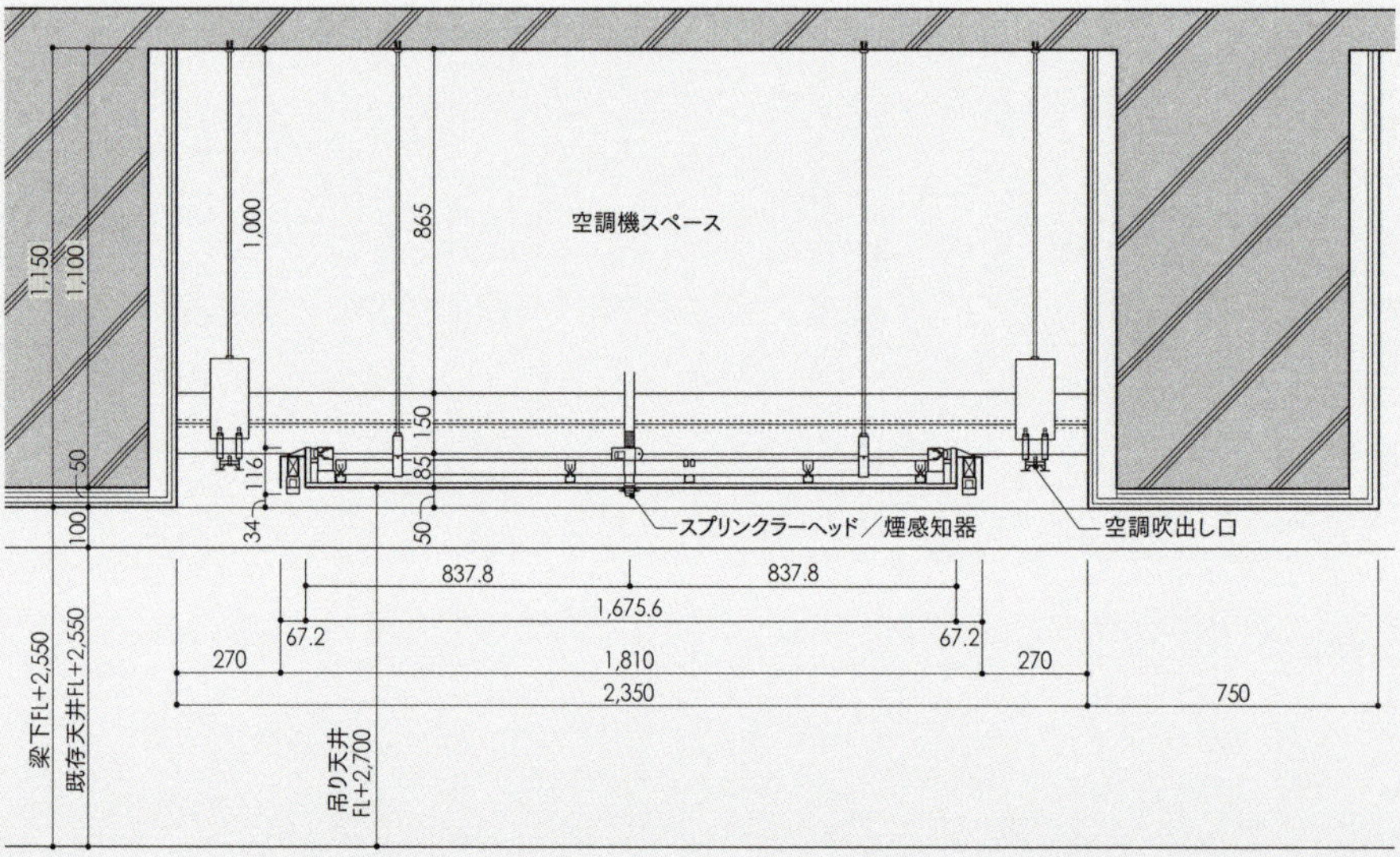

断面詳細図［S＝1:30］

座談会——中西ヒロツグ×實神尚史×杉山雄治

Archi Design——その哲学に込めた想い

2024年11月より本格的に展開を開始した「Archi Design」の製品群。

現場はどんな想いを込め、どんな未来を描きながら、プロジェクトを進めてきたのか。

「Archi Design」の根幹の思想とデザイン設計に携わる3名による鼎談《ていだん》をお届けする。

設計者とメーカーの共創による〃建築視点〃による電気設備のデザイン

写真＝泉晟太郎

「Archi Design」はなぜ誕生したか

杉山雄治（**以下、杉山**）――2024年11月より、パナソニック エレクトリックワークス社は、新しい電気設備の製品群「Archi Design」（アーキデザイン）の本格展開を開始しました。この「Archi Design」は、製品シリーズではなく、われわれの今後のものづくりに一貫する、思想でありビジョンでもあります。

　これまでも、われわれは常にベストを尽くしながら、たくさんの設備製品を開発してきました。しかし振り返ってみると、それらは個別のプロダクトという視点における最適解としてデザインされてきたようにも思います。今後は、〝製品視点〟から〝建築視点〟へと発想を転換し、空間のなかに設置されたときにこそ最適解となるような電気設備を、常に一貫した思想のもとでつくっていきたいと考えました。

　われわれの会社は数多くの製品を扱っていることもあり、通常、開発にはかなりの時間を要します。しかし「Archi Design」は、立ち上げから構想1年、開発1年という、異例のスピードで進められてきました。会社としても、非常に力を入れているプロジェクトです。

　「Archi Design」の立ち上げにあたっては、製品開発に建築現場の声を具体的に取り入れていくために、設計者の代表として中西ヒロツグさんと寶神尚史さんをお迎えし、初期のコンセプト設計の段階から参加をしてもらっています。

中西ヒロツグ（**以下、中西**）――私は設計業務を始めて40年近く経ちますが、時代ごとに、電気設備のさまざまな変化を経験してきました。技術革新や製品寿命によって、設備に更新が訪れるのは仕方のないことです。しかしそのたびに、もっと更新のしやすさを意識した製品づくりをしてほしいと感じてきました。

　またパナソニックに限らず、近年、電気設備はどんどん多種多様になっており、それが更新の難しさを助長しているようにも思います。だからこそ「Archi Design」が目指す、〝建築視点〟で設計された、更新性に優れ環境にも配慮する、未来の定番となる製品づくりという目標には非常に共感し、今回プロジェクトに参加しました。

寶神尚史（**以下、寶神**）――私たちは、設計において本当にさまざまな種類の電気設備を同時に扱っています。それらすべてを一貫した思想でラインアップしようと目指すなんて、そんなことができるメーカー自体、そもそも多くはないでしょう。「Archi Design」という一連の構想は、品質面ですでに高い信頼があり、流通も安定しているパナソニックだからこそ挑戦できるプロジェクトだと、私は考えています。

　「Archi Design」が目指す美しく整った電気設備があれば、建築の品格が上がり、さらにそれは、日本の街並みや風景を美しくすることにもつながっていくのではないでしょうか。そんな重要なプロジェクトに、私たちは設計者の代表として携わっている感覚ですね。それをいつも忘れずに、取り組んでいきたいと思っています。

〝建築視点〟の電気設備を目指して

杉山――われわれは、「Archi Design」という名前にも、さまざまな想いを込めました。過去から「HomeArchi」

中西ヒロツグ｜Hirotsugu Nakanishi

私が思う「Archi Design」が実現すべきテーマは〝電気設備の民主化〟です。そのためには、電気設備は空間になじむ建築の〝素材〟のような存在であってほしいと思います

（ホームアーキ）や「SmartArchi」（スマートアーキ）という一部の商品で、今回と同様に〝建築視点〟をコンセプトに据えた、照明器具のシリーズを立ち上げています。いずれも、大変多くの設計者から支持をいただき、手応えを感じることができたラインアップとなっています。こうした経験もあって、今回もその思想をDNAのように継承したく、「Archi」という言葉を名称に入れることにしました。また、接頭語の「Archi」という言葉には、〝本質・原型〟といった意味があるといいます。そこに、電気設備のデザインによって空間を美しくし、環境にも貢献していこうと、「Design」という言葉をつなぎました。狭義のデザインではなく、名前の通りの本質的なものづくりを目指していきたいと思っています。

「Archi Design」には、全体を貫く3つの思想があります。そのうち「建築の背景に徹する」「建築の作法で造りこむ」という2つの思想は「HomeArchi」「SmartArchi」でも実践してきました。そこからさらに発展し、今回の「Archi Design」では、特に3つ目の「建築の時間軸に応える」ことに、非常に強くこだわっています。設備には、建築に比べてとても早く更新の時期が訪れますが、建築あるいは環境という長いスパンにも追随していけるような製品を目指していきたいと考えています。

中西――「Archi Design」が実現するもう1つのテーマは、〝電気設備の民主化〟だと、私は思っています。特別にお金をかけなくても、優れたセンスや幅広い商品知識を持ち合わせていなくても、「Archi Design」を選んでおけば、誰もが空間を『整える』ことができるようになる。それはまさに、民主化そのものといえるのではないでしょうか。今後、ラインアップを増やしていくことで、本当の意味で実現したいですね。

寶神――「Archi Design」というプロジェクトが進めば進むほど、設計者は電気設備を隠す苦労から解放されていき、設計はかなり楽になるはずです。それは換言すれば、電気設備を空間のあるべき場所に落とし込めるようになるということでもある。そしてそれは、実際に設備を使用するユーザーにも還元されていく。設計者にもユーザーにも、幸福な未来が訪れるのではないか、と思っています。

今回、プロジェクトとも連動して、私はパナソニックの商品展示会にてモデル空間として「BASIC HOUSE」という、電気設備と住空間の未来像を提示する空間の設計をさせてもらいました。「Archi Design」の製品を実際に使いながら住空間の一角を設計したわけですが、そこで改めて実感したのは、電気設備のあり方に応じて、私たちの設計態度も変化する、という当たり前のことでし

「BASIC HOUSE」の概念をもとにつくられた空間展示［写真＝水谷綾子］

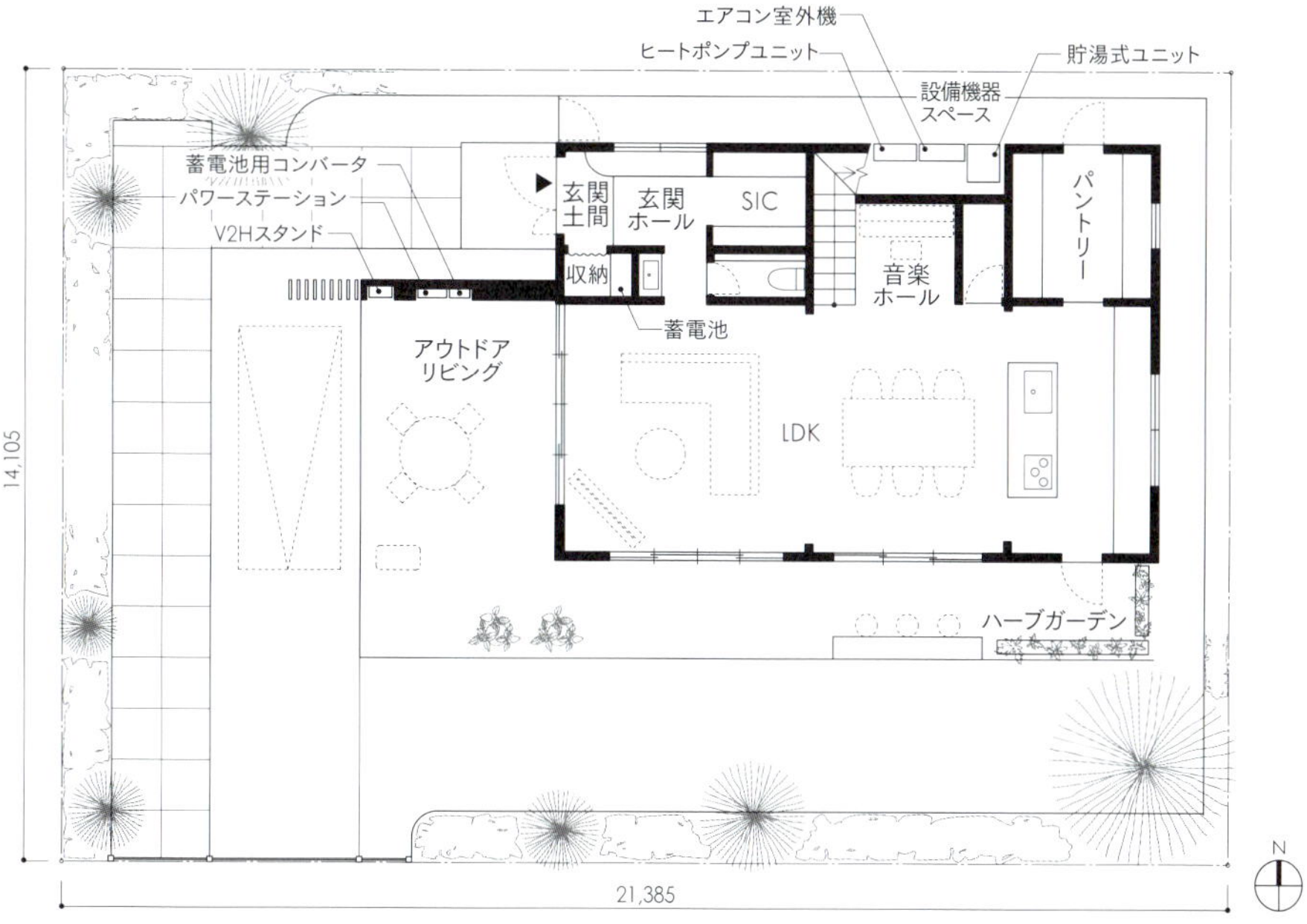

「BASIC HOUSE」

平面図［S＝1：200］

た。「Archi Design」という美しく整った設備に呼応することで、私たちの設計も磨かれていくのだな、と。しかし同時に、電気設備に一方的な要求ばかりをするのではなく、設計が設備に歩み寄っていくことの大切さも、再認識しました。設備と建築がお互いの存在価値を高め合っていけるような関係性が築かれていくといいなと思っています。

建築と設備、2つの視点の交差

中西——私は、「Archi Design」という思想のもとでは、電気設備には〝素材〟になってほしいと強く思いました。私たち設計者は、空間に出てくるさまざまな設備を、空間の特徴を崩さないように配置する工夫をし続けています。そのなかで、いつも電気設備には、〝完成品〟というよりは、私たちがひと手間を加えることでその空間になじむ、〝素材〟のようなものであってほしいなと思っていました。

だからこそ、設計者の代表として参加する私が「Archi Design」に求めたのは、ごくごく単純なことでした。なるべく目立たず、シンプルな造形で、誰もが使いやすいものをつくりたい。素直にそう思っていたのです。しかし、プロジェクトが進むにつれて、どうも建築とプロダクトでは、設計の作法が大きく違うことが分かってきました。建築設計では、図面やパースなどを用いて、施主やユーザーの声を反映しながら、形ができていきますが、プロダクトの世界はそれだけではない。製造上の都合や流通事情、細やかな安全性など、さまざまな制約があり、そのなかでようやく形を決めることができるので、同じ設計とはいえ、この間の折り合いをつけていくことは、心底骨の折れるものだと痛感しました。完成品だけを見て口出しをするのは簡単なことですが、メーカーの皆さんは、想像を超える努力や苦労をされている。こうした議論を重ねながら、私たちは「Archi Design」という同じ思想のもと、同じ目標に向かって進んでいると思います。

寳神――中西さんの「電気設備を建築素材として見よう」という発案は、私も極めて重要な視点・指摘だと思っています。

また実際に、私も建築とプロダクトの設計の間にある造形言語の違いみたいなものを、だんだん実感するようになりました。たとえば、建築の言語は〝水平・垂直〟で、基本的にそれが形の基準になっていきます。しかし、プロダクトの言語は必ずしもそうではない。製造時に金型から製品を取り出しやすいように、あえて斜めに形をつくるといった、ものづくり特有の都合が生まれます。製品の艶に対する考え方も同じですね。建築では素材感やマットさを大切にしますが、プロダクトの場合は、そこにも生産性や品質が大きく関わってきます。

今回、プロダクト開発の現場に入り、メーカーの皆さんの造形言語に触れたことで、私も必然的にそれに引き寄せられています。しかしだからこそ、皆さんが「Archi Design」を建築の造形言語でつくっていくと掲げられたことに、極めて大きな意義と覚悟を感じています。微力ですが、杉山さんが最初にお話しされたように、まさに電気設備を〝製品視点〟から〝建築視点〟へと切り替えていくために、時間をかけて目の前の小さなことから共通認識をつくっていくことこそ、私たちの役目だと思っています。

杉山――とても恐縮です（笑）。電気設備を〝建築視点〟でつくっていく、と表明しましたが、われわれは、もちろん建築を変えていくようなおこがましい存在になろうと思っているわけではありません。しかし、たかが設備とはいえ、その立ち居振る舞いを1つ間違えれば、せっかくの建築空間を一瞬で台無しにしてしまいますから。お2人が話されたように、これから電気設備には、〝素材〟になっていくことが求められていると思っています。

「Archi Design」のプレゼンテーションにおいて、われわれがよく使うたとえがお化粧です。デザインの世界では、よく〝図と地〟といいますね。〝図〟というのは、化粧であれば、トレンドや個人の趣向に左右される眉毛のかたちや口紅にあたります。空間でいえば、全体を決定づけるような装飾的なペンダントライト、ソファやカーテンなどのファブリックを指します。こういったものは、設計者の領域としてお任せしたい。反対に、われわれがやるべきことは、〝地〟をつくること。ファンデーションで地肌を整えるように、空間の背景に徹し、環境を『整える』ことが、電気設備の使命です。〝地〟を『整える』ことで〝図〟が引き立つ。トレンドが移り変わっても普遍的な背景としてのデザイン。人々の日常をいかに支えるかという視点で、ものづくりをしていく所存です。

〝建築視点〟が多くの共感を呼ぶ

中西――この本の刊行に合わせて、8組の設計者にインタビューを行いました。まずうれしかったのは、第一線で活躍されている皆さんも、電気設備に対してわれわれと共通する問題意識を抱いていると知ったことでした。「Archi Design」のコンセプトを非常に歓迎してくれたことも、とてもうれしかったですね。われわれの目指す方向は間違っていなかったと、心底実感できました。
　一方で、ほとんどの方が、本当は電気設備を隠したいわけではないし、デザイン上の意図がある場合を除けば、機能や使い勝手に応じて、設備はあるべき場所に使いやすく表出させたいとおっしゃっていた。それも、非常に印象的でしたね。
寳神――共感の声が大きくて、ありがたかったですね。「Archi Design」は、とても長い時間を要するプロジェクトです。電気設備は、何年もかけて更新していくものも多く、デザインが改まっていくにはどうしたって時間がかかりますから。その時間を乗り越えて製品を実現するには、やはり時間に揺らぐことのないビジョンが必要になってきます。今回のインタビューを通して、私は「Archi Design」の思想は誰もが共感できるものであり、今後それがメーカーとユーザーが一緒に進んでいくための〝道しるべ〟になってくれそうだ、と思えました。
杉山――私も、散々〝建築視点〟といいながら、錚々たる設計者たちからどのような反応が返ってくるのか、とても不安でした。それぞれ違った表現ながらも、共感や応援の言葉をいただき、とても自信につながりました。しかし同時に、設計者にとっては当たり前にあってほしかった姿であり、われわれメーカーが実現できていなかっただけであるという責任を感じました。

寳神尚史｜Hisashi Houjin

電気設備は
更新に長い時間を要します。
それでも「Archi Design」の思想は
ユーザーとメーカーが時間を超えて
共有する〝道しるべ〟になり得る。
そんな手応えを感じています

設計者の問いに応える製品群

杉山――新製品のなかでも、「Compact Lamp」（コンパクトランプ）［118-121頁参照］には特に強い思い入れがあります。従来のように、光源の電球と器の本体という発想を脱却し、光源単体で成立するようにデザインを一新した、とても画期的な製品です。それによって全体をサイズダウンし、投入資源も大きく削減しました。
　もう1つは、住宅分電盤「FLEXIID」（フレキシード）［132-135頁参照］です。一見すれば何の変哲もない四角い箱ですが、曲線の造形や装飾のラインは不要だと、従来のプロダクト指向を排した〝建築視点〟でデザインが実現された、際たる製品です。こうした価値観は「Archi Design」という大きな地図を広げたからこそ、共有されたもの。メーカーがこれを実現できたことに、非常に大きな意味を感じました。
寳神――「Compact Lamp」は、光源を交換すればずっと使用できるし、配光角度や光色も変更できる。ユーザーの

配線器具「SO-STYLE」

住宅分電盤「FLEXIID」

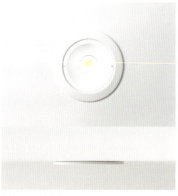

ダウンライト「Compact Lamp」

杉山雄治｜Yuji Sugiyama

日本の建築文化は
世界に誇れる素晴らしいもの。
その視点でつくる電気設備も
きっと海外に受け入れられるはず。
環境問題、社会課題にも
向き合っていきます

ニーズと環境への貢献が見事にリンクした、重要な製品ですよね。

私の思い入れが強いのは、配線器具「SO-STYLE」(ソー・スタイル)［124－127頁参照］です。これは「Archi Design」の登場以前からあるラインアップで、私も愛用してきました。マットな質感が建築の壁面によく溶け込み、群を抜いて建築への同化を体現している製品です。「Archi Design」は、新製品をつくるだけではなく、すでにある製品群にも光を当て、その価値を再評価していく取り組みでもあります。「SO-STYLE」は、まさにそれに相応しいラインアップ。こうした製品をすでにデザインしてきたからこそ、「Archi Design」にも説得力が生まれている。「SO-STYLE」は、このプロジェクトの別の大切な側面を象徴していると思っています。

中西——杉山さんと同じく、私も「Compact Lamp」でしょうか。寳神さんがおっしゃったように、まさにニーズと更新性を一気に解決した製品です。

そして何よりも、ダウンライトに限らず、天井に取り付けるすべての設備の埋込穴径を75φmmで統一していくという方針が、非常に画期的だと思います。壁に設置する設備器具に対しては、すでに〝埋め込みボックス〟というプラットフォームがあり、設備の交換は比較的容易でした。しかし、天井にはこうした規格はなく、ずっと穴径もバラバラだった。私はリノベーションの仕事も多いので、設備更新のために天井を壊して設計し直すなど、毎回、穴径の違いに翻弄されてきましたから。しかし今後は、こうした無駄から解放され、設計だけではなく、現場の労働力や資源の節約にも貢献できるようになる。これは本当に大きな改革だと思っています。今後も、天井に設置されるあらゆる電気設備を1つの規格で統一しながら展開していけるよう、知恵を絞り、協力していきたいですね。

「Archi Design」は日本の建築文化

杉山――第一歩を踏み出したとはいえ、現時点で製品化したのはまだ十数点ほど。振り返って社内の分厚いカタログを見つめると、そこには50万品番もの、〝建築視点〟をもって見直していくべき製品があります。今後もお2人を含め、さまざまな設計者と一緒に議論をしながら、しっかりと商品化していくことが、われわれの使命だと思っています。

「HomeArchi」や「SmartArchi」の時代から、私がいつも現場に伝え続けてきたのは「あたらしいものより、いいもの」ということでした。家電や電気設備は、新製品と呼ばれる期間が非常に短いものです。しかし、新しいという価値がなくなってからも、長い時代を生き続ける。いつまでもよいものであることこそ、大切だと考えています。「Archi Design」こそ、時代のなかで消費されていくデザインではなく、未来の定番であることを貫きたいですね。

この「Archi Design」という思想を、世界に広げていきたい。日本の建築文化は、世界に誇れる文化です。その日本の〝建築視点〟で電気設備をつくっていくのだから、「Archi Design」は間違いなく海外にも通じる価値観だと思います。そのなかで、お2人が話されたような環境や社会への貢献は、とても重要なものですね。環境や今後の職人不足に向けた施工性の改善など、「Archi Design」は社会課題にも応えていくプロジェクトとして、取り組んでいきます。

中西ヒロツグ
なかにし・ひろつぐ
1964年大阪府生まれ。'86年京都工芸繊維大学工芸学部住環境学科卒業。'86～'99年菊竹清訓建築設計事務所勤務。'99年イン・ハウス建築計画設立。主著に『住まいのリノベ設計塾』[共著]『暮らしやすいリフォーム アイデアノート』(いずれもエクスナレッジ)

寳神尚史
ほうじん・ひさし
1975年神奈川県生まれ。'97年明治大学理工学部建築学科卒業。'99年明治大学大学院理工学研究科建築学専攻修了。'99～2005年青木淳建築計画事務所勤務。'05年日吉坂事務所設立

杉山雄治
すぎやま・ゆうじ
1970年大阪府生まれ。'93年京都工芸繊維大学工芸学部造形工学科卒業。'93年松下電工入社。照明器具、住宅設備・建材、空間など、さまざまなデザインを担当。2021年よりパナソニック エレクトリックワークス社デザインセンター所長

3
群として整う。

「Archi Design」という
電気設備を〝建築視点〟で考える思想に
もとづいて誕生した商品。
それらは群として、
これからの建築を意匠・環境の両面で
美しく整えます。

for HOME

空間になじむ分電盤は LDKに設置しても美しい

大きな開口部のあるＬＤＫ。ダウンライトをはじめ、各所に電気設備が配置されているものの、すっきりとした印象を受ける。なかでも、シンプルな住宅分電盤「FLEXIID」（フレキシード）と造作収納の組み合わせは、要素を減らしつつ、機能性にも優れた住空間の象徴する設えにもなっている。

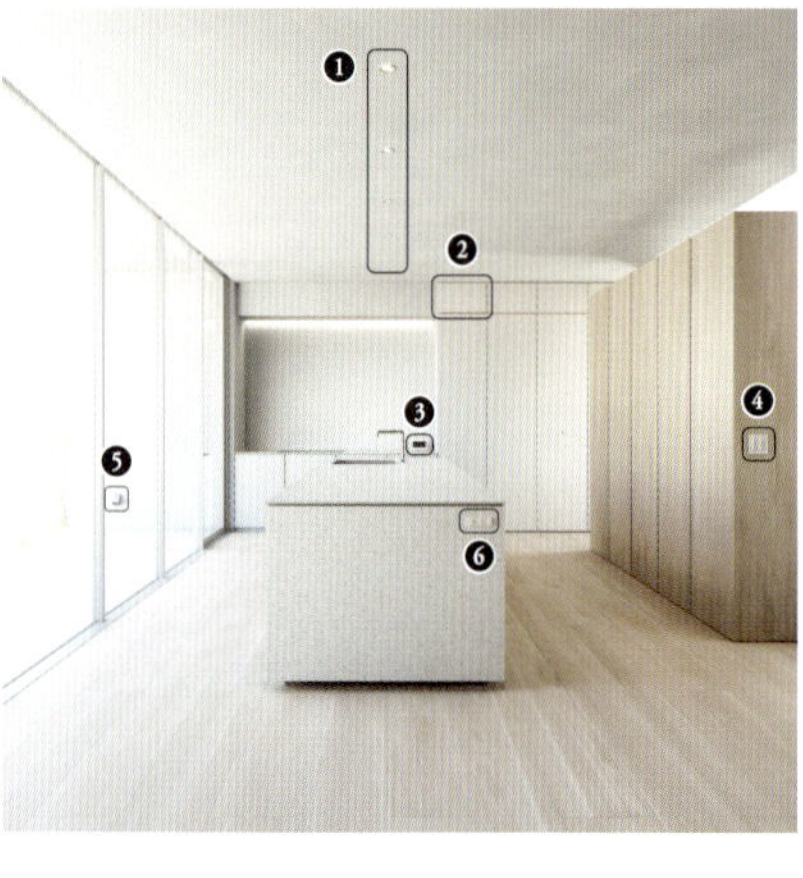

❶LED交換型 コンパクトランプ対応照明器具
ダウンライト一般タイプ
❷住宅分電盤
FLEXIID フレキシード
❸ホームエネルギーマネジメントシステム
AiSEG3
❹配線器具
SO-STYLE
ロングハンドルスイッチ
❺屋外用配線器具
スマートデザインシリーズ
防水コンセント
❻配線器具
Sプレート
コンセント・スイッチ

埋込穴径φ75mmのダウンライトを等間隔で配置

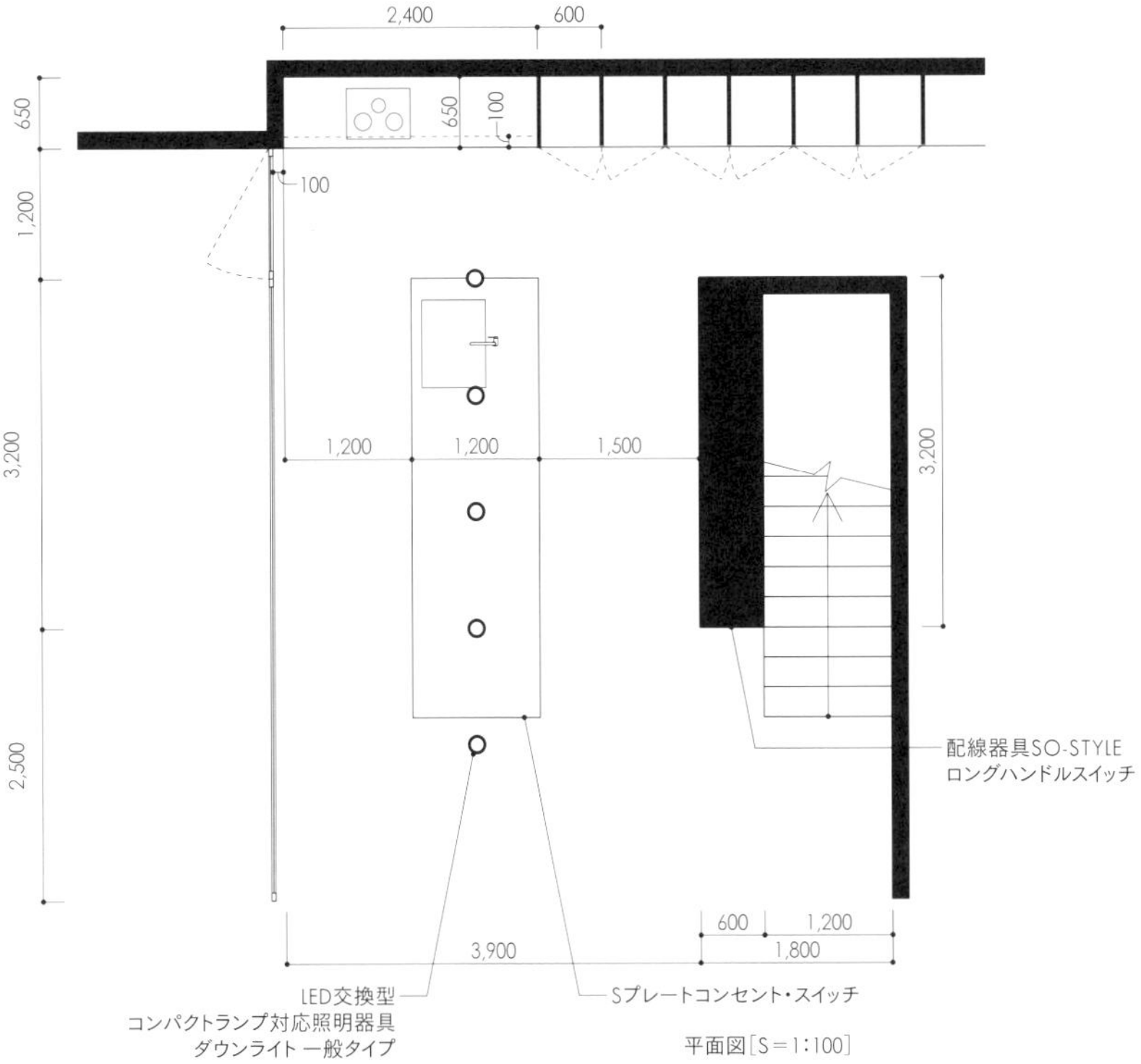

平面図[S＝1:100]

アイランドキッチンとする場合、天井の照明器具はどうしても目立ってしまう。一方、埋込穴径φ75mmという小口径ですっきりとした「Compact Lamp」のダウンライトは存在感が小さく、天井になじむ

分電盤を造作収納と面で納める

「FLEXIID」のサイズ(350×600mm)に合わせてつくった2段の造作収納。シンプルな四角形であり、目地幅を合わせやすく、分電盤は造作収納の一部にしか見えない

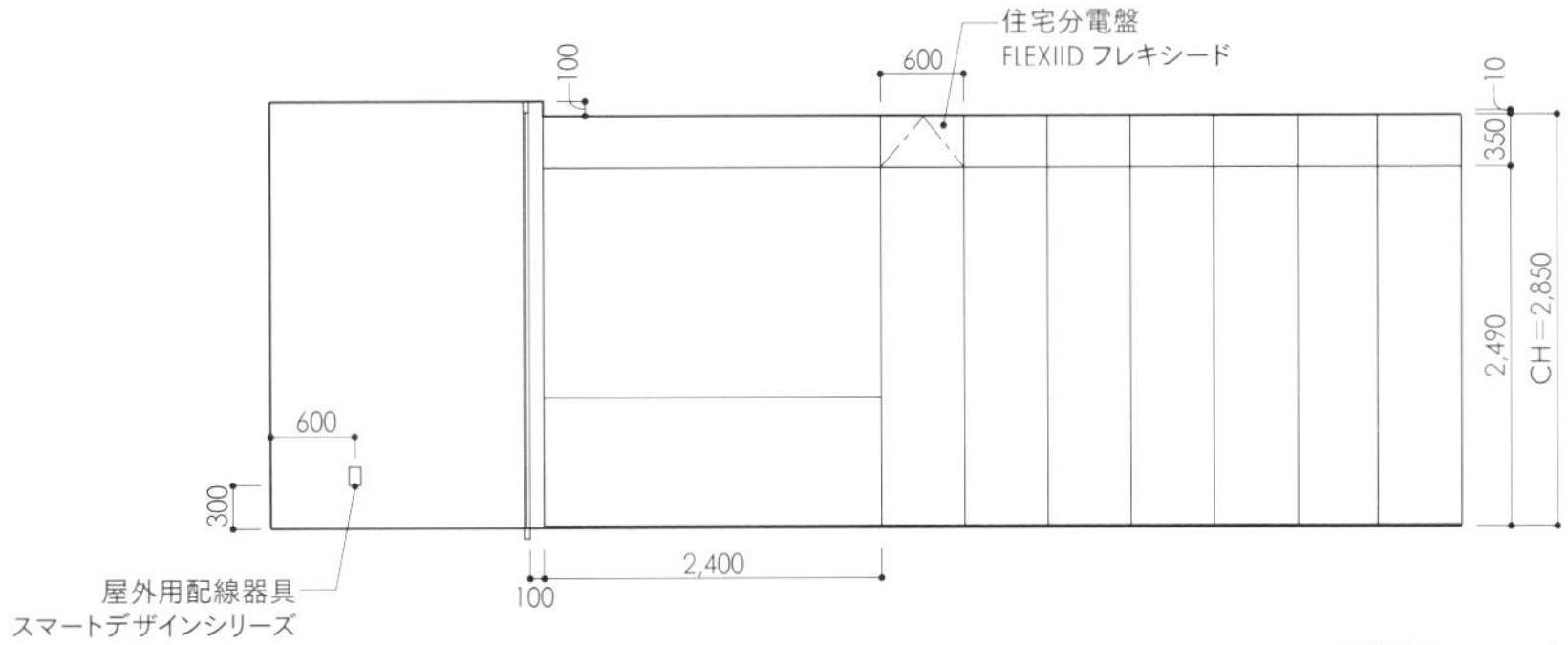

展開図[S＝1:100]

分電盤のサイズに合わせて造作収納の高さを決める

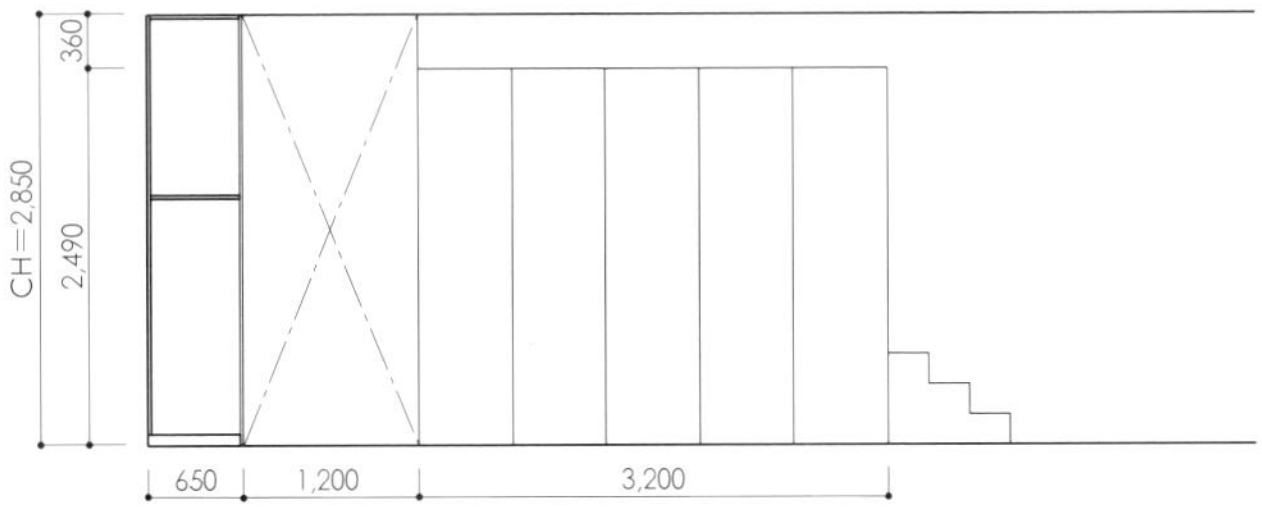

展開図[S＝1:100]

LDKと階段室の間に設けた間仕切りを兼ねる造作収納は上部を「FLEXIID」の高さ(350mm)に合わせて開放。空間を緩やかにつなげている

for OFFICE

オフィスのルーバー天井に同化
真一文字で柔らかな光のライン

ルーバー天井が印象的なさわやかなオフィス。さまざまな設備が存在するオフィスの天井には、ごちゃついた印象を感じることが多いが、それを微塵も感じさせない。それを可能にするのが「一体型LEDベースライト sBシリーズ」。ルーバーと呼応する一筋の光には、直線美を感じずにはいられない。

❶一体型LEDベースライト
sBシリーズ 直付
❷LED交換型 コンパクトランプ対応照明器具
スポットライト 直付
❸配線器具
アドバンスシリーズ ダブルスイッチ
❹DC電源用配線ダクト
DCライン

フリースペースにスポットライトを設置

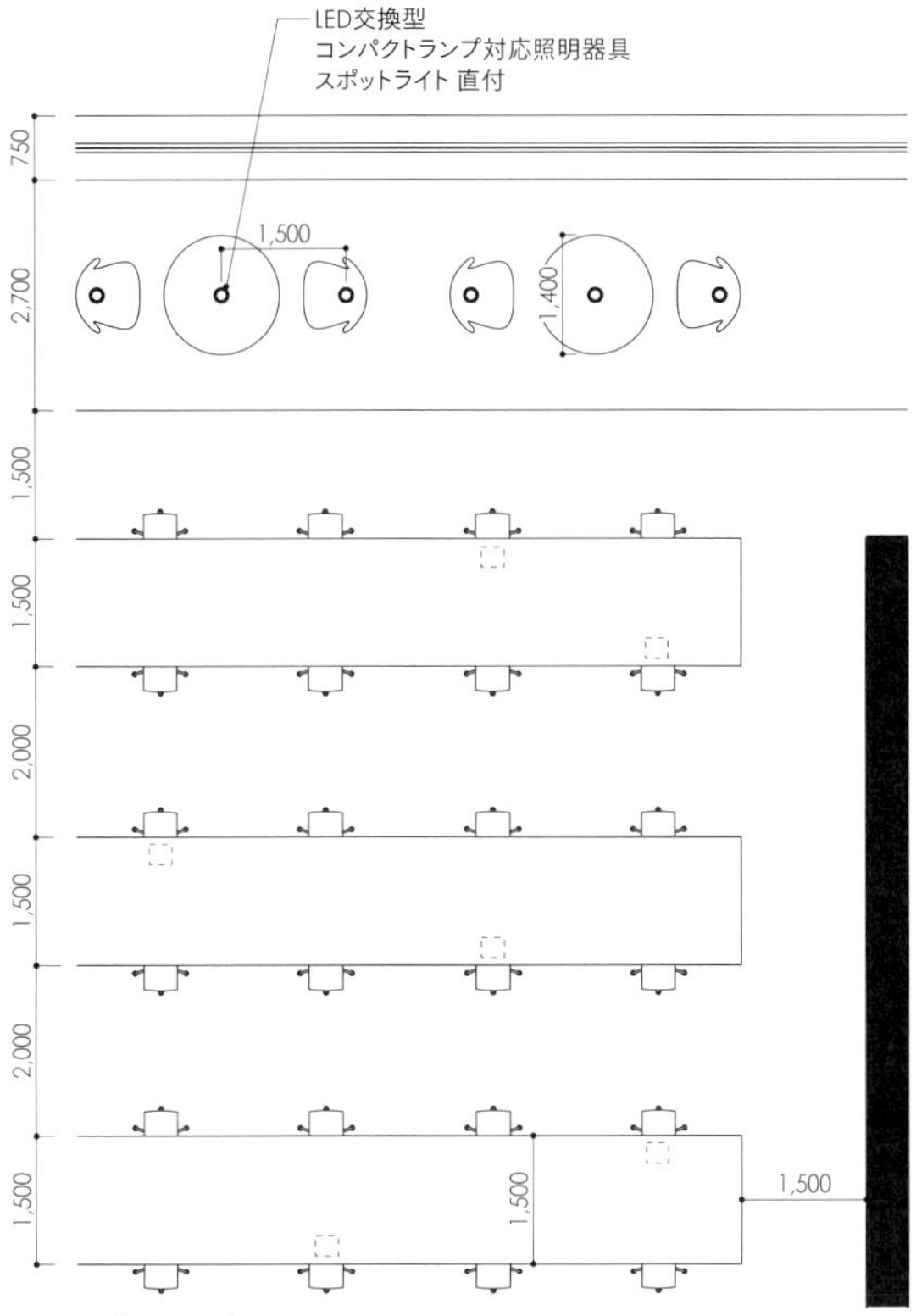

平面図[S＝1:150]

最近のオフィスでは、開放感のある窓際に、誰もが自由に使えるミーティングスペースを設けることがある。ここでは、オフィス家具の移動を考慮して、「Compact Lamp」のスポットライトを設置した

ルーバーの間にベースライトを直付け

細かいピッチで並べられたルーバーの間に、直付型の「一体型LEDベースライトsBシリーズ」を設置。ルーバーの成を器具高さ(64mm)に合わせているので、天井面には凹凸が生じない

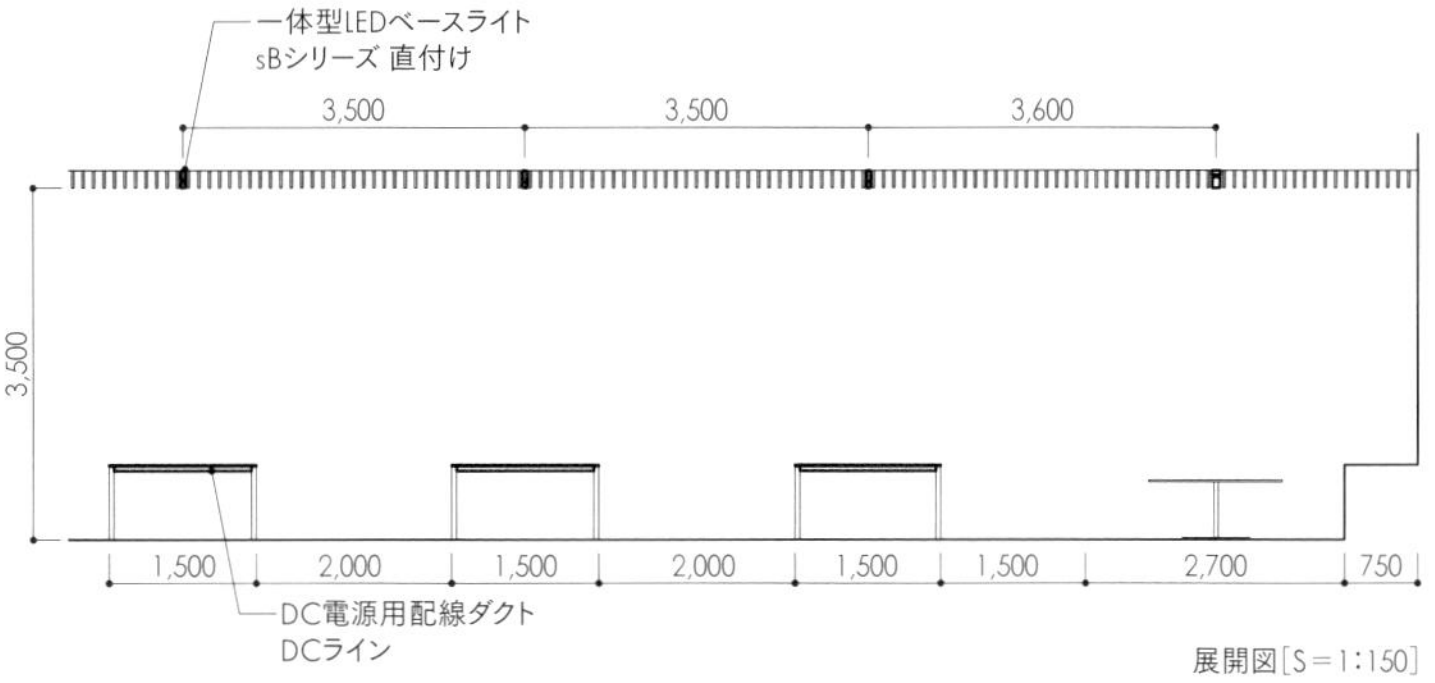

展開図[S＝1:150]

配線器具の設置もアクセントとして生かす

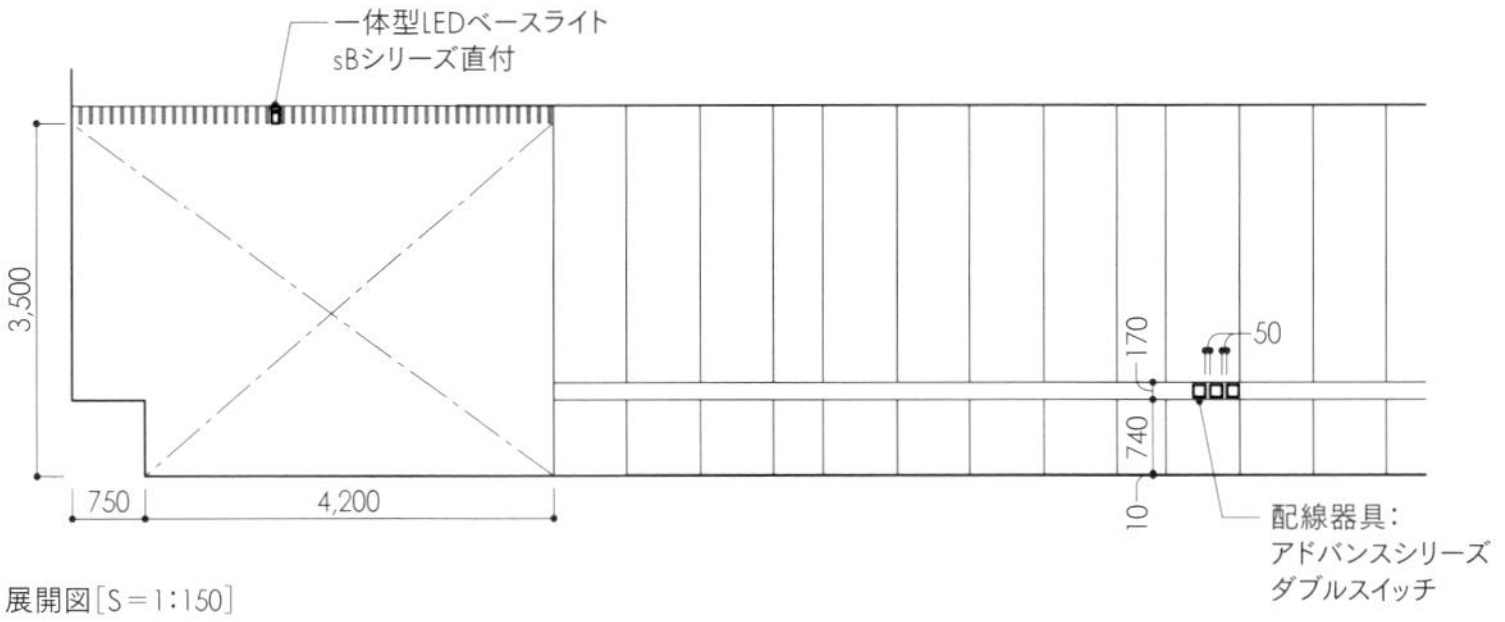

展開図[S＝1:150]

配線器具の存在感を解消するため、収納家具を2段に分けて、H120mm、D6.8mmの「アドバンスシリーズ」に合わせたニッチを設けた。プレーンな収納家具のアクセントとなっている

for APARTMENT

シンプルな形のインターホンは エントランスの空気感を変える

外部とつながる大きな開口部と、コーニス照明でライトアップされた壁面が印象的な集合住宅のエントランス。ドアの手前には、ブラックのワイヤレスインターホン「AirEZ」（エアイーズ）を格納したシンプルな形のポールが凛とした表情で立っている。その佇まいは集合住宅を行きかう人に、好印象を与える。

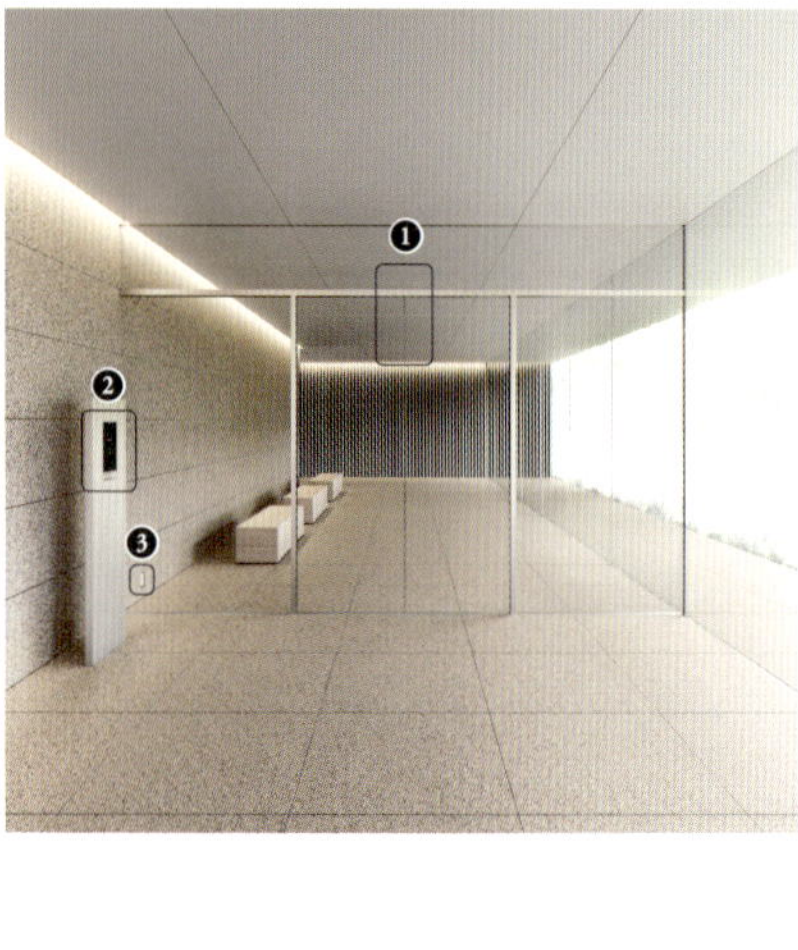

❶LED交換型 コンパクトランプ対応照明器具
ダウンライト グレアレスタイプ
❷ワイヤレスインターホンシステム
AirEZ エアイーズ
ロビーインターホン
❸配線器具
SO-STYLE
ダブルコンセント

必要最小限の電気設備でエントランスを彩る

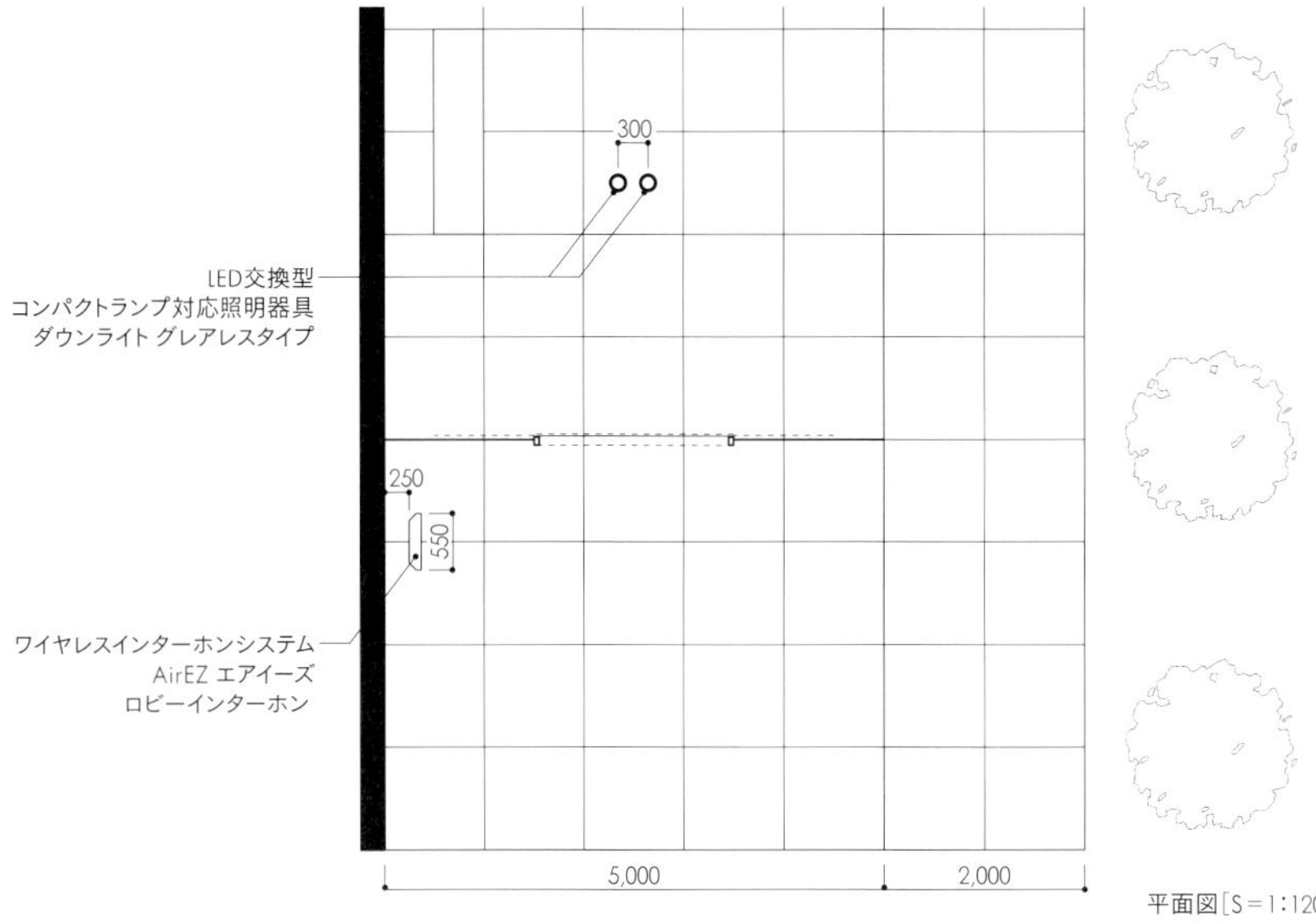

平面図[S=1:120]

エントランスの手前に設置された「AirEZ」のポールは壁から250mm離して設置。埋込穴径φ75mmの「Compact Lamp」のダウンライトやダブルコンセント「SO-SYLE」など、機能上必要となる電気設備はいずれも空間になじむ

スレンダーなポールに納まるインターホン

W127 × H217mmという「AirEZ」の形を意識してデザインされたポール。シンプルな直方体であり、一般的な集合住宅のインターホンシステムと一線を画す。「AirEZ」の設置高さは使いやすさを考慮して設定

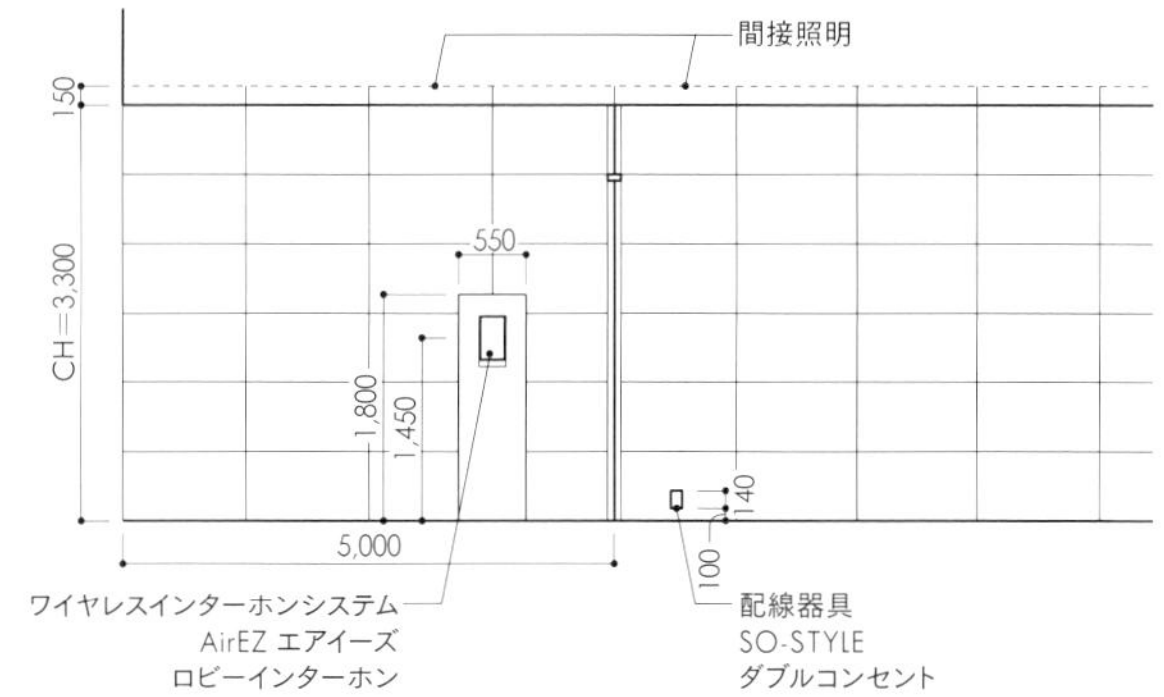

展開図[S=1:120]

コーニス照明で空間に華やかさを添える

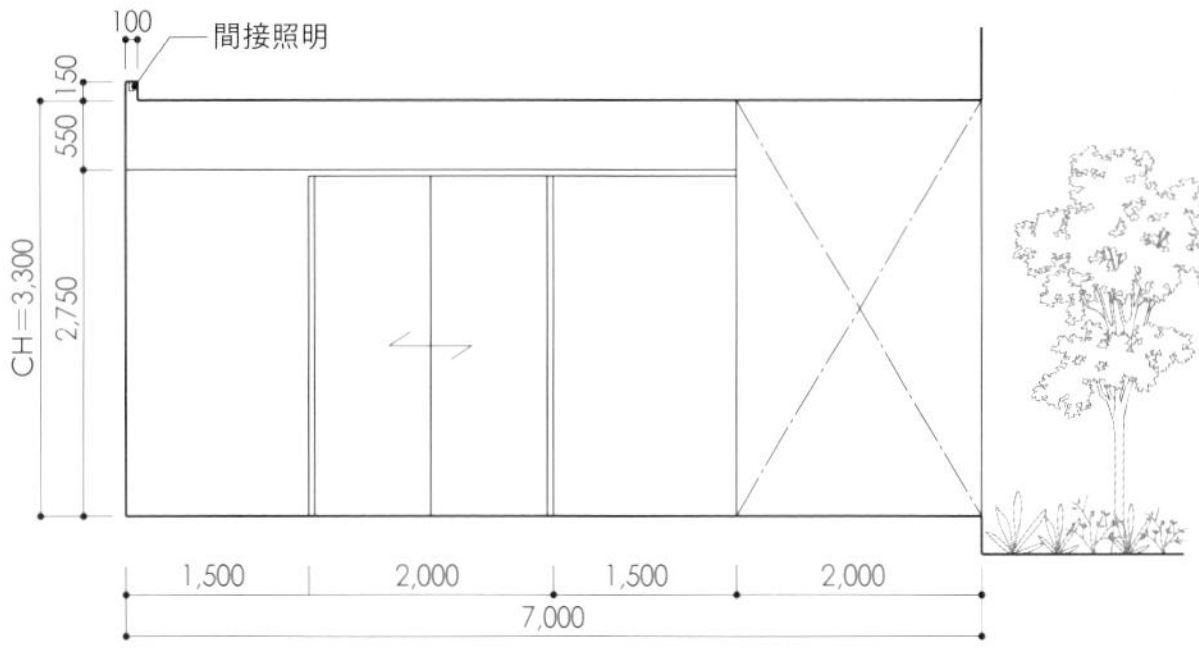

展開図[S=1:120]

正面(ルーバー)と側面(石)の壁をコーニス照明でライトアップすることで、必要な明るさを確保しつつ、エントランスを華やいだ雰囲気に演出している

for CLINIC

マットな質感の電気設備で待合室の雰囲気を柔らかに

間接照明で安心感を与える雰囲気を演出したクリニックの待合室。このとき、重要となるのが天井と壁の質感である。電気設備の素材感にもこだわりたい。まぶしさを抑えたグレアレスタイプの「Compact Lamp」のダウンライトとマットな質感の「アドバンスシリーズ」は空間に溶け込み、間接光をやさしく拾う。

❶LED交換型 コンパクトランプ対応照明器具
ダウンライト グレアレスタイプ
❷配線器具
アドバンスシリーズ 調光スイッチ

空間の中央に埋込穴径φ75mmのダウンライトを設置

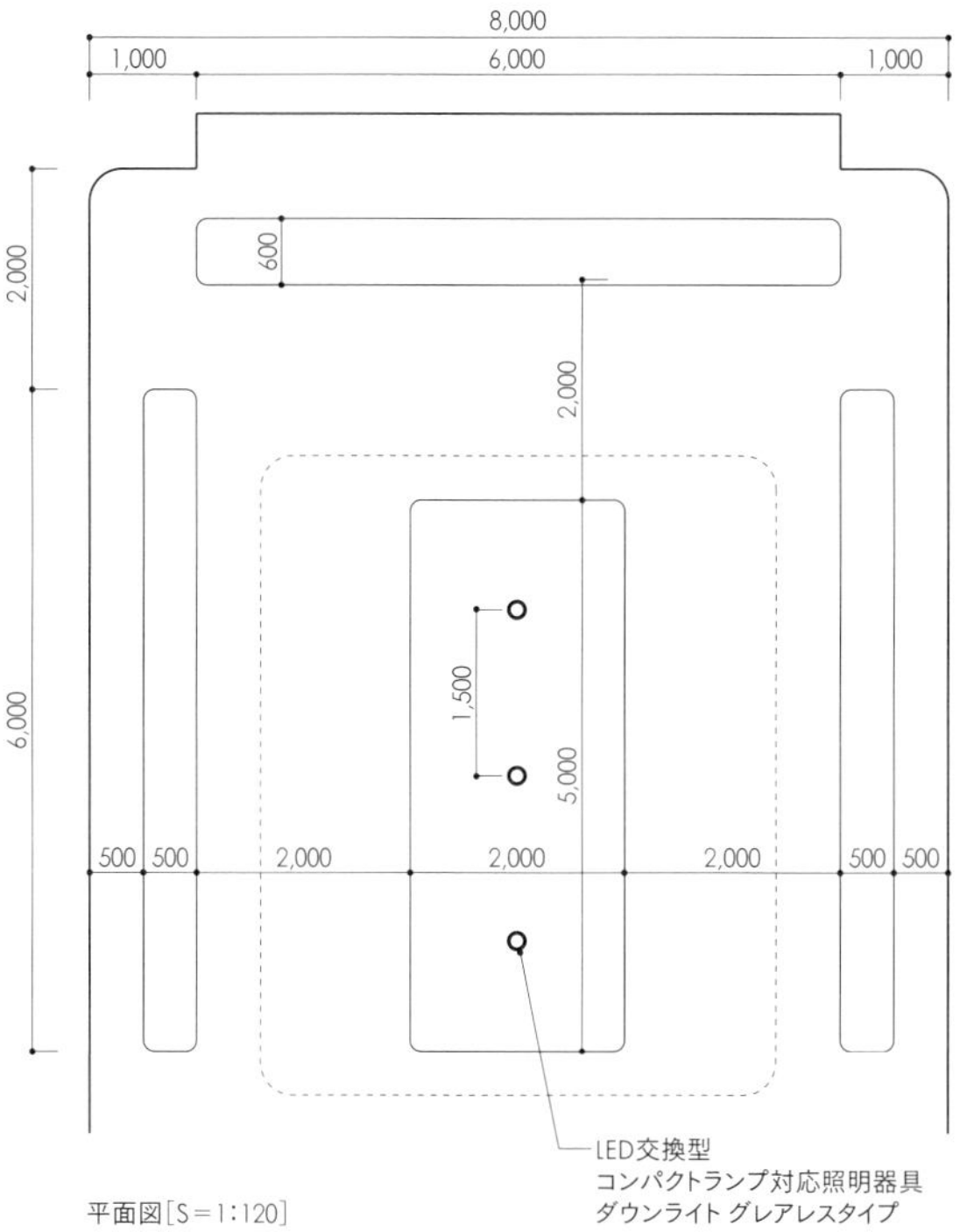

平面図［S＝1：120］

「Compact Lamp」のグレアレスダウンライトを、ソファの真上だけに1,500mmピッチで配置。それ以外は間接照明で明るさを確保し、設備が多くなりがちな一般的なクリニックの待合室とは異なる、上質感のある設えになっている

折上げ天井と壁際に間接照明を仕込む

折上げ天井と壁際に間接照明を仕込んで、天井と壁を明るくして空間の明るさを確保するとともに、2本の光のラインが空間を包み込むような光環境を実現

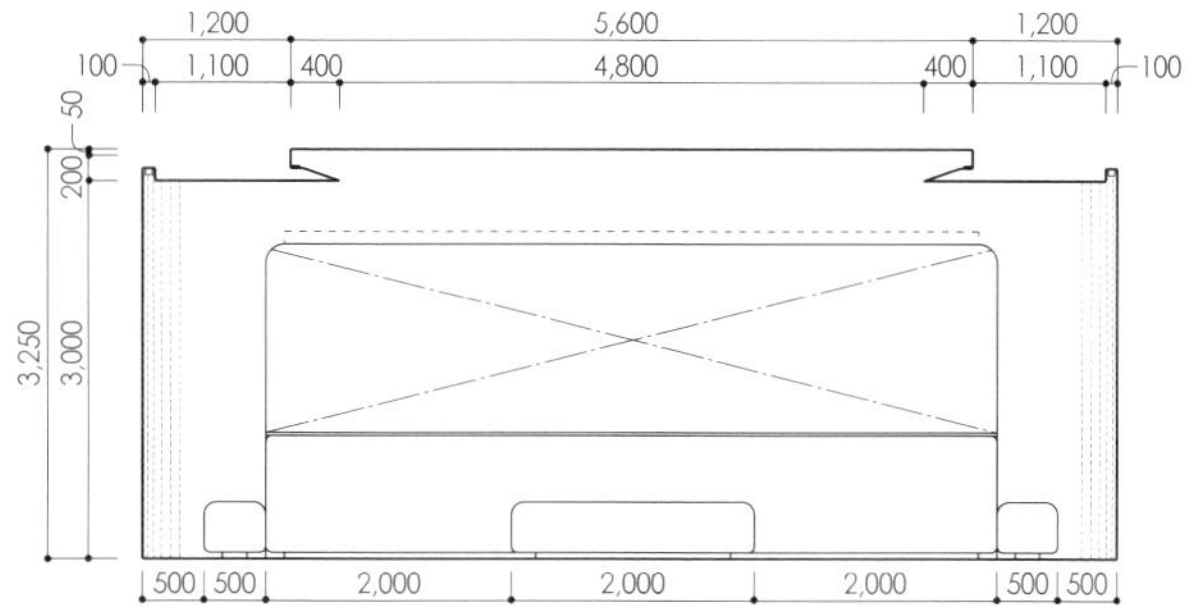

展開図［S＝1：120］

調光スイッチで光環境を調整

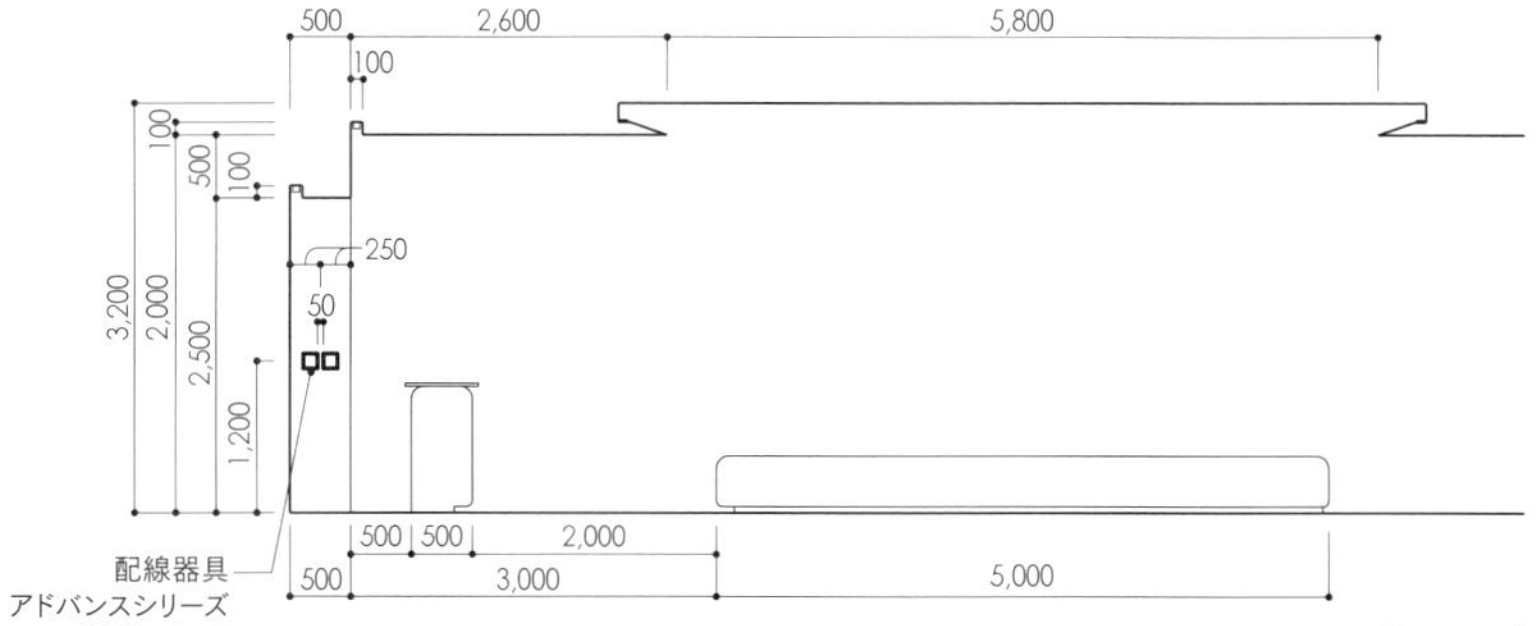

展開図［S＝1：120］

間接照明はシーンによって調光できるようになっている。特に、「アドバンスシリーズ」のLED調光スイッチ（逆位相タイプ）は、使用時にうなり音が出ないため、寝室など落ち着きのある空間にお薦め

for HOTEL

ホテルの顔となるロビーに潜む小さなグレアレスダウンライト

ホテルのロビーは、旅人をもてなすための空間としての設えが求められる。気積の大きな空間であっても、設備はなるべく主張しないように計画したいものである。ここでは、「Compact Lamp」のグレアレスダウンライトでライトアップ。必要な箇所に必要な量のやさしい光を届けることができる。

❶LED交換型 コンパクトランプ対応照明器具
ダウンライト グレアレスタイプ

ダウンライトはテーブルを軸に均等配置

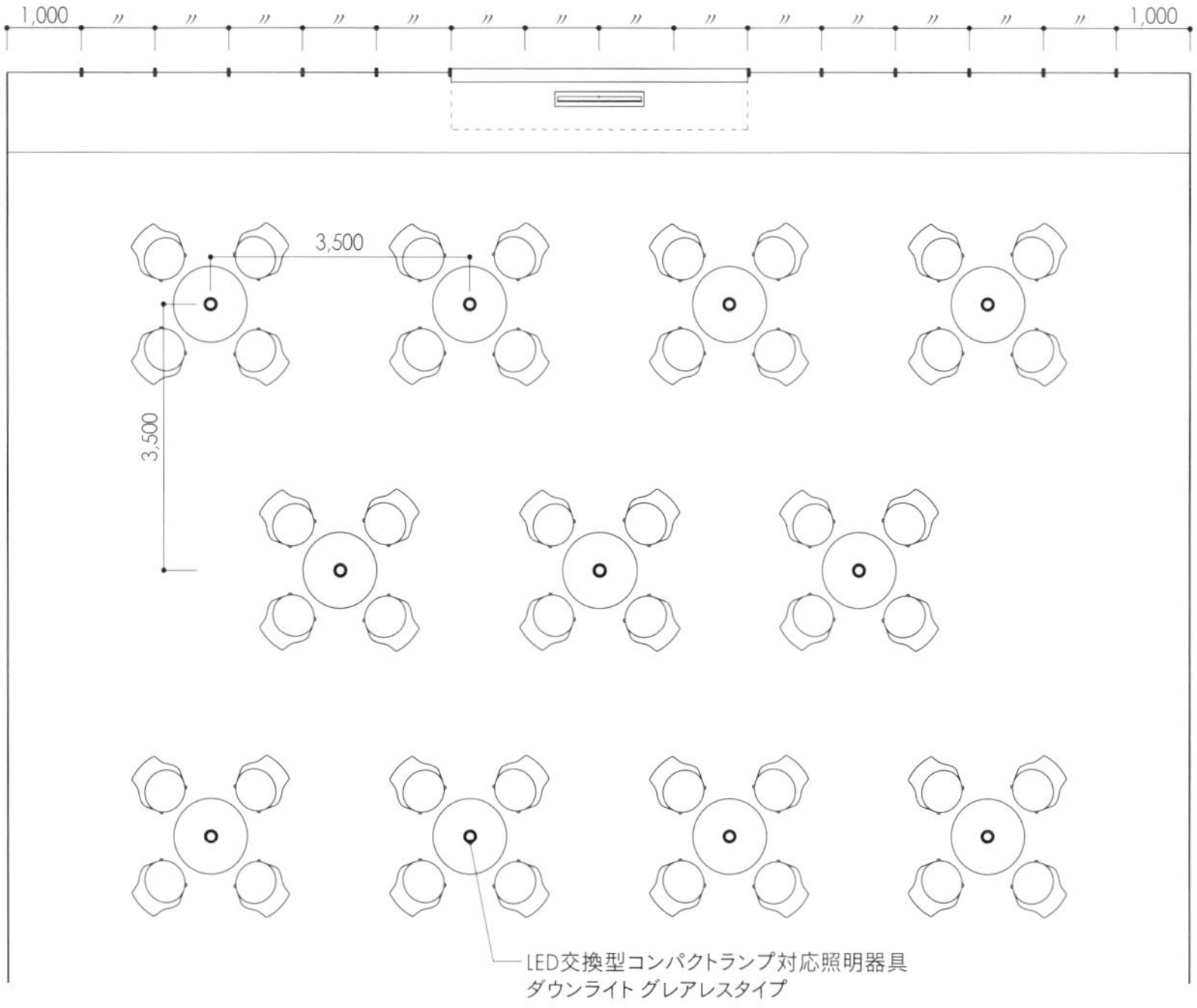

平面図[S＝1:150]

「Compact Lamp」のグレアレスダウンライトをローテーブルの中心に合わせて3,500mmピッチで配置。手元に必要な光を得る。正面の壁は透過性のある素材の行灯《あんどん》照明となっており、柔らかな光が得られるので、ダウンライトの個数は必要最小限でよい

モジュールを意識した壁面の設計

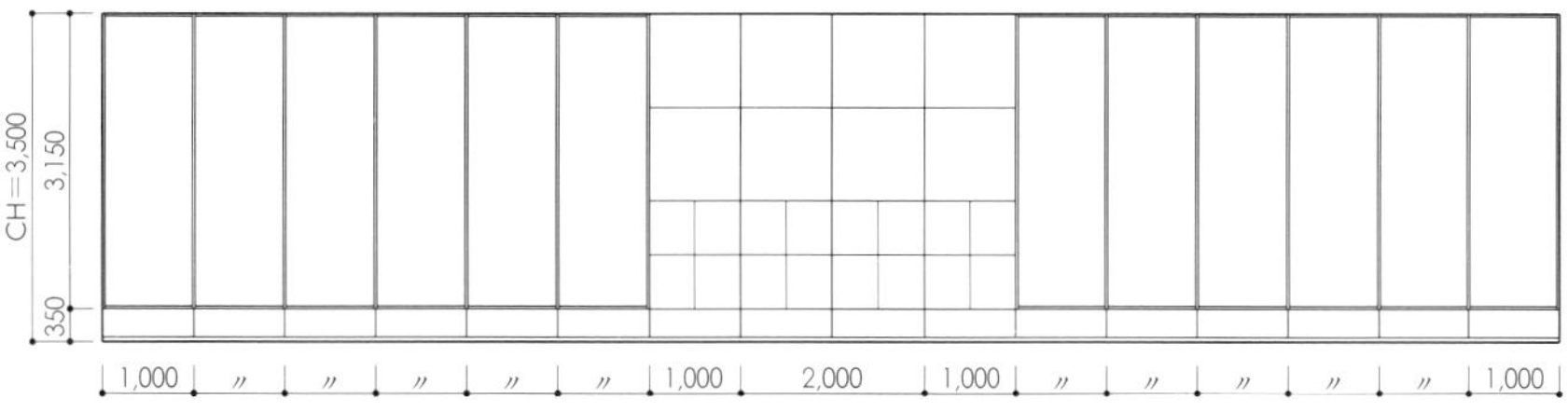

展開図[S＝1:150]

暖炉のある石張りの壁と透過性のある素材の行灯照明。これらはすべてメーターモジュールで、建具枠の幅や石の割り付けが決められている

for CAFE

上質なルーバー天井に同化する配線ダクトとスポットライト

高級感が漂うカフェ。その質感を導き出しているのが、ブラウンで着色されたルーバー天井である。天井内には、ブラックの天井用配線ダクト「OSライン ダブル」と「Compact Lamp」のスポットライトを組み込んでいるものの、背面の黒い天井に同化。ルーバー天井の美しさには影響を与えない。

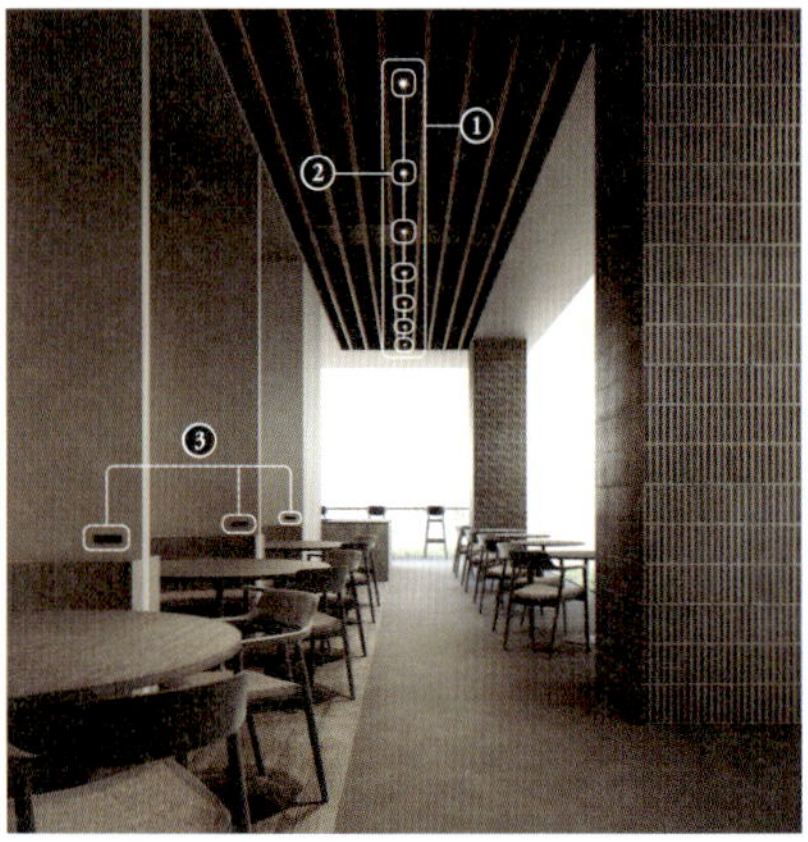

❶天井用配線ダクト
OSライン ダブル

❷LED交換型 コンパクトランプ対応照明器具
スポットライト ダクト用

❸配線器具
Sプレート
USBコンセントタイプC・コンセント

ルーバー天井の中央に配線ダクトを仕込む

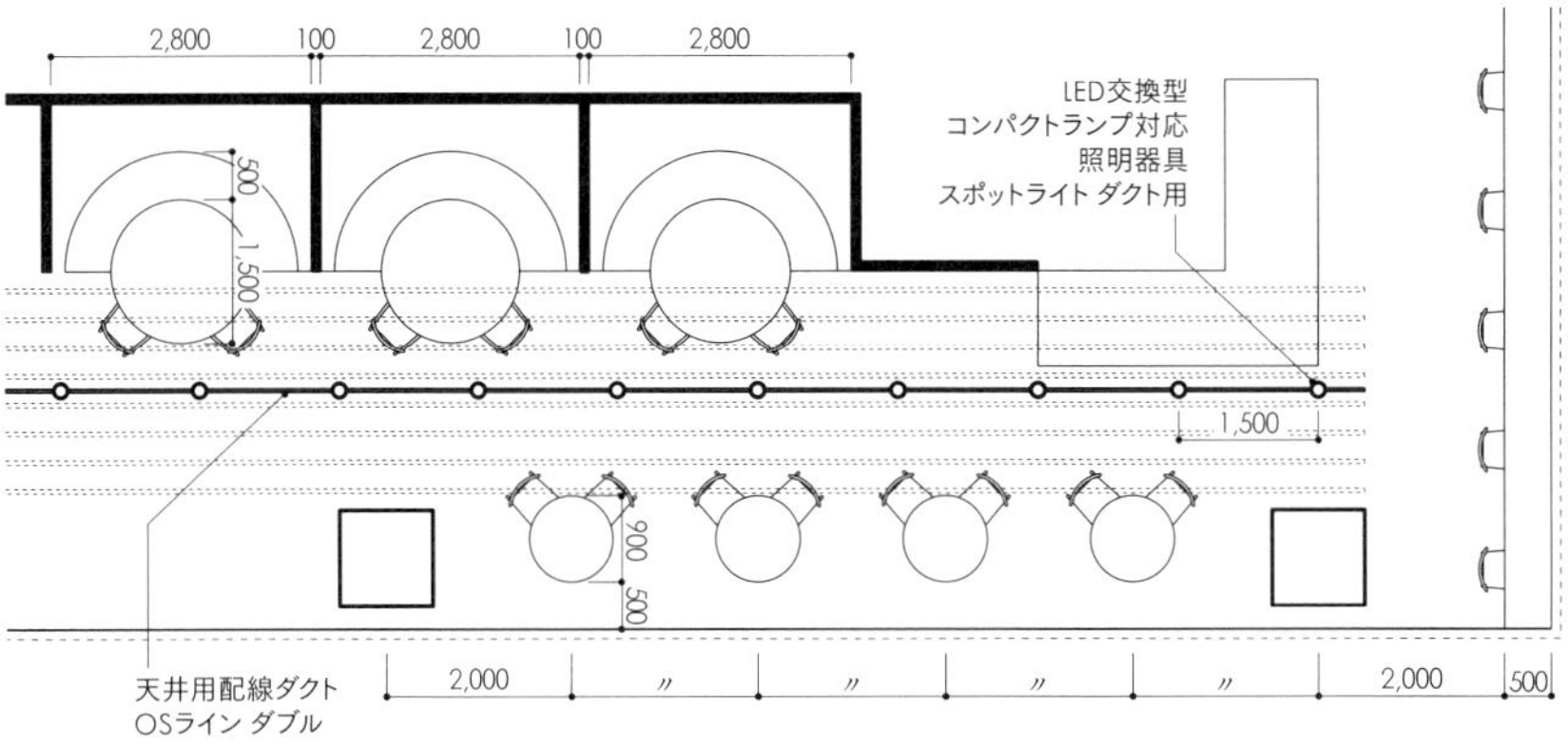

展開図［S＝1:150］

ルーバー天井の真ん中に「OSライン ダブル」を配置しつつ、その箇所に1,500mmピッチで「Compact Lamp」のスポットライトを取り付ける。スポットライトのみで左右の座席に光が届くように配光角度を選定

腰壁を羽目板で仕上げて空間の重心を下げる

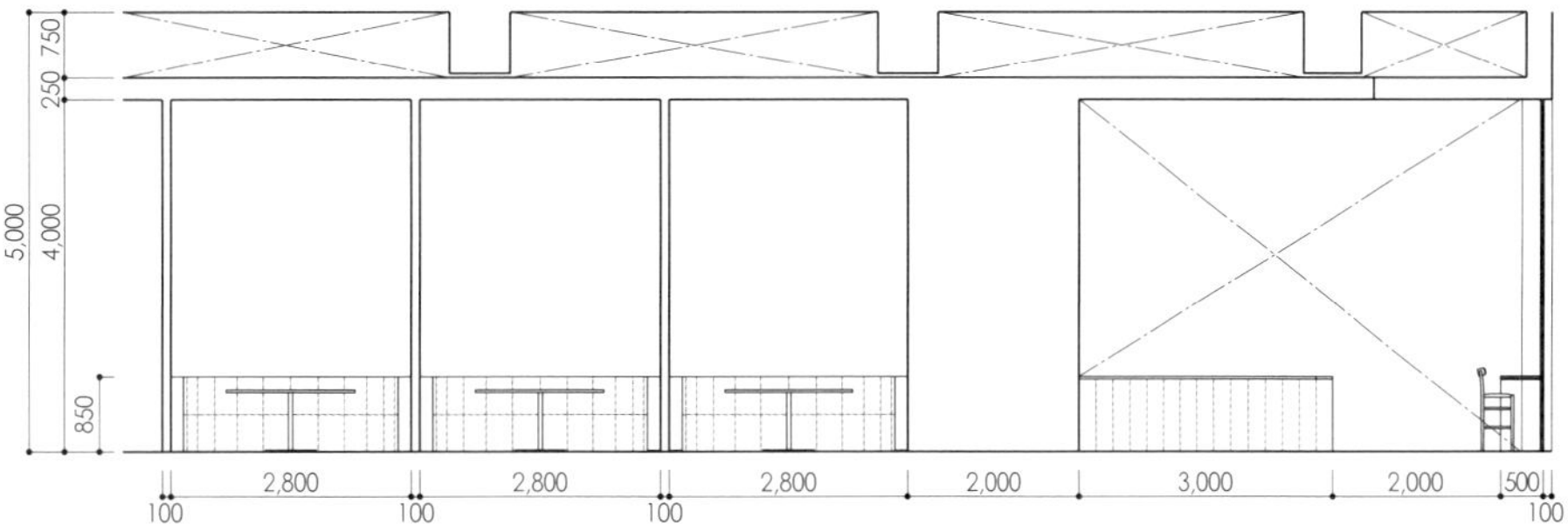

展開図［S＝1:150］

壁面は淡いブラウンの色合いで仕上げる一方、ラウンドテーブルの高さに合わせて、H850mm以下は濃いブラウンの羽目板で仕上げて空間の重心を適度に下げている

袖壁にはプレーンなコンセントを設置する

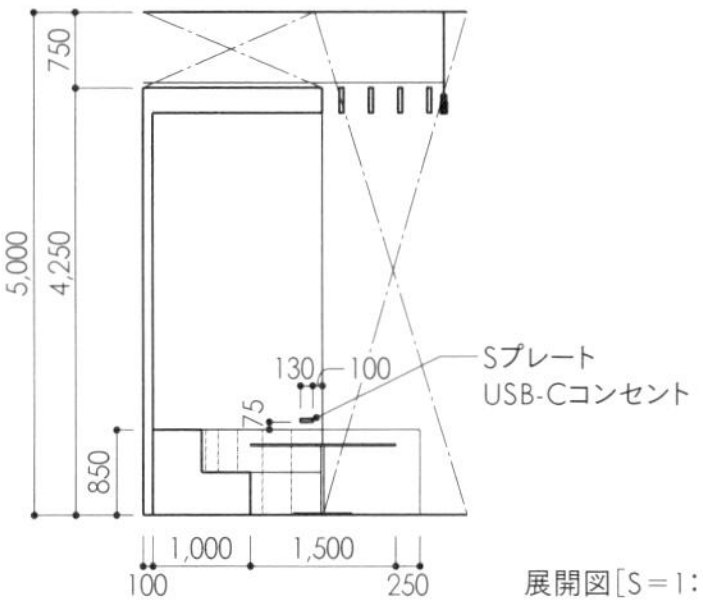

展開図［S＝1:150］

カフェの利用者にとってありがたい存在のコンセント。ここでは袖壁の側面にW130×H35mmのスクエアなデザインが特徴の「Sプレート」を設置。連続する袖壁のアクセントとしても効く

ルーバー天井とスポットライトの面を合わせる

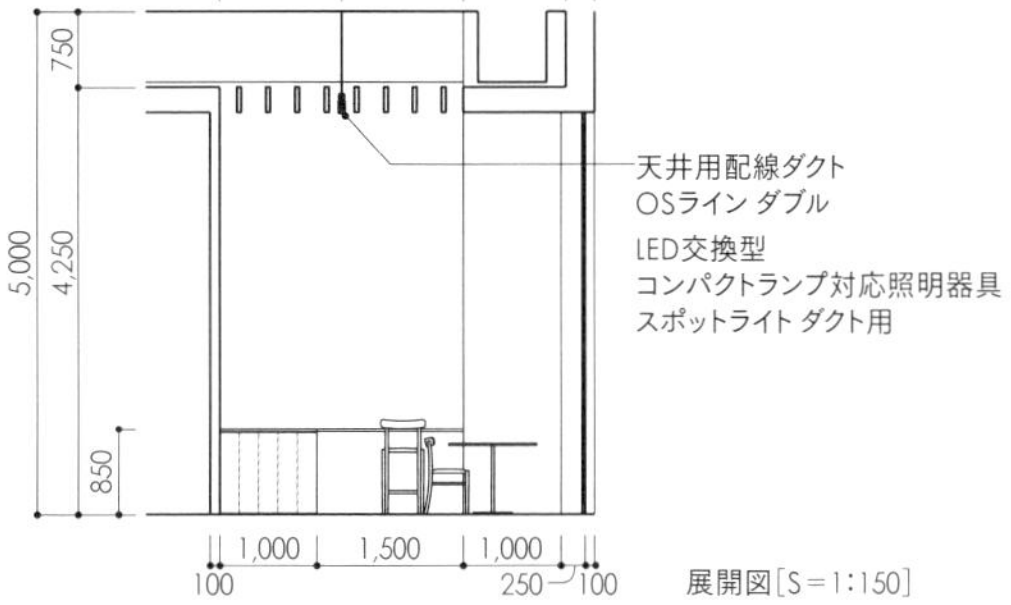

展開図［S＝1:150］

ルーバー天井とスポットライトの面を合わせるように取り付け位置を調整。スポットライトの存在感を可能な限り小さくしている

REPLACEABLE LED

Compact Lamp

コンパクトランプ

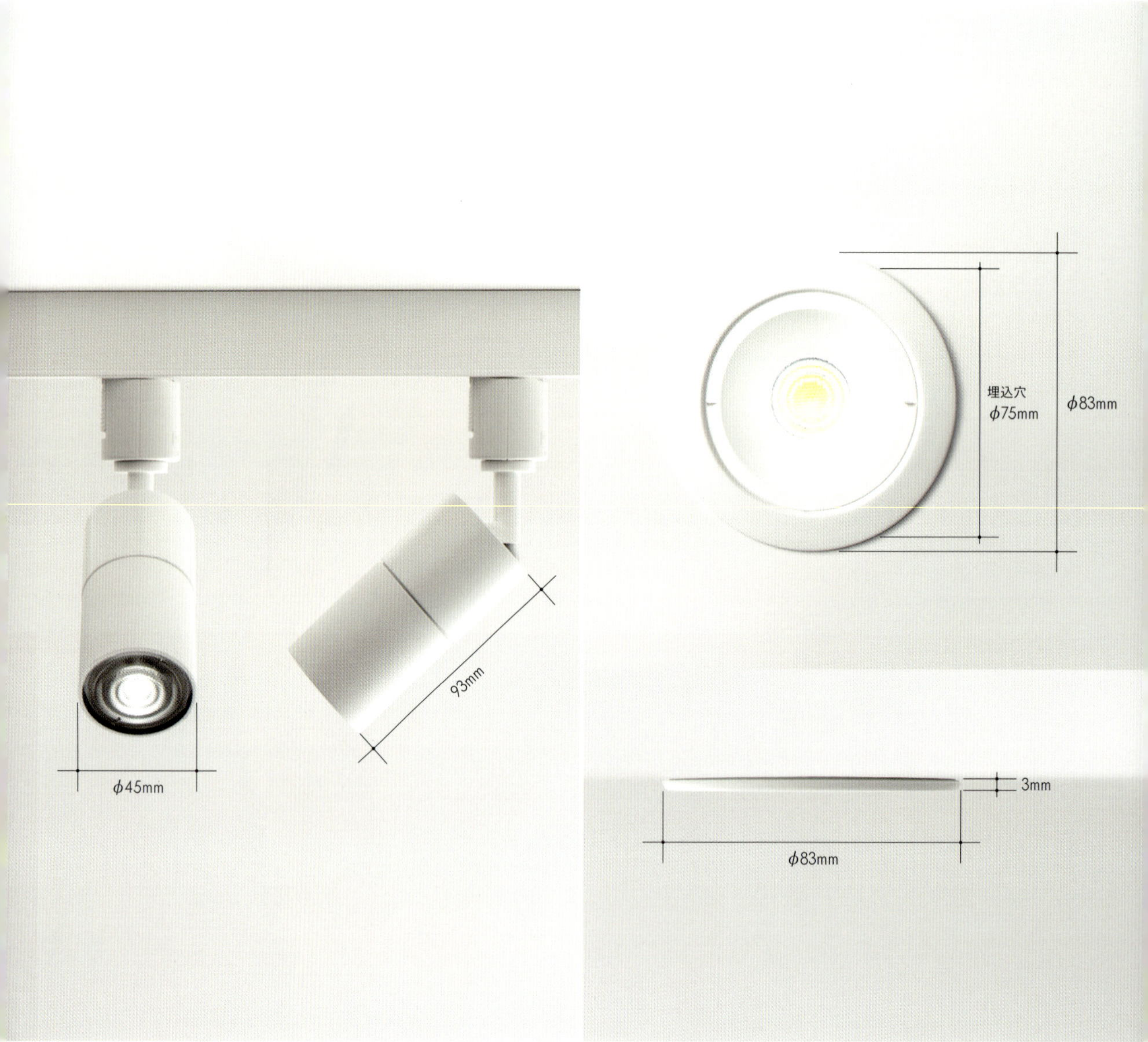

得意の放熱技術で小型化を徹底

「Compact Lamp」はLED交換型のランプ。ダウンライトとスポットライトに搭載して使える。その名が示す通り、パーツのすべてを徹底して小型化しており、ダウンライトは埋込穴径φ75mm、スポットライトは直径φ45mmを実現している。

それを可能にしたのが、パナソニックが得意とするLED電球の小型化技術。直径4.5cm、高さ6.9cmとサイズはかなり小さい。小型化に関して大きなネックとなる熱への対策も徹底。従来よりも小さいサイズで、同じ明るさ(器具搭載時)を確保できる。

もちろん、交換のしやすさも抜群。意匠性・更新性の面で、かつてないLEDランプが誕生した。

大開口のあるリビング・ダイニングの中央に「Compact Lamp」のスポットライトを設置。色はブラック。アームや電源という、スポットライトならではのノイズが極小化されているので、その存在は目障りではない。むしろ美術館のような雰囲気を醸成している

リビングに「Compact Lamp」の埋込穴径ϕ75mmのダウンライトを設置。ローテーブルの真上に2つ、ウォールウォッシャとしてテレビの背面壁近くに2つ、と計4個取り付けている。サイズはコンパクトながらも、明るさが十分に確保されていることが分かる

FEATURE

スポットライト

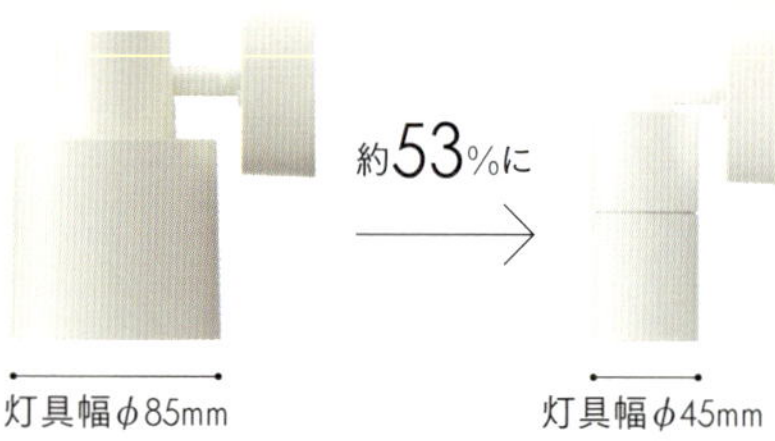

LED電球の小型化技術を駆使して灯具幅を従来比53%[★1]に削減。放熱を考慮しながら電源部分をランプに内蔵させ、アームも必要な強度を確保しつつ、最小限にまで細くした

★1……「XAS1002V CB1」［左］と「XSZP1005V CB1」［右］との比較

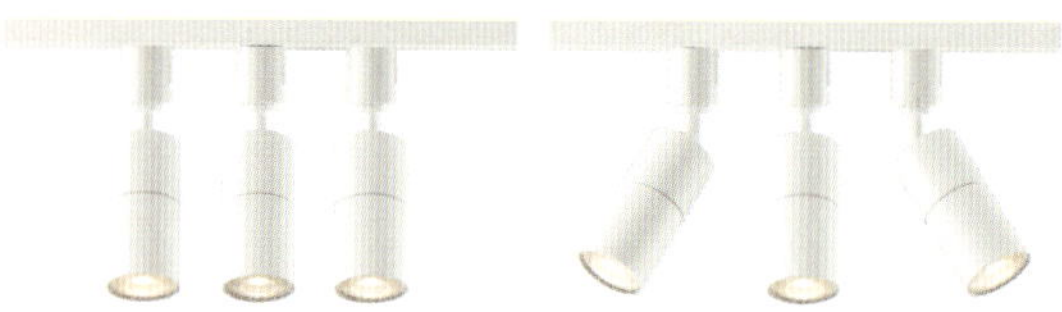

灯具幅がφ45mmしかないので、固めて配置することも可能。首振りでの調整もスムーズに行える

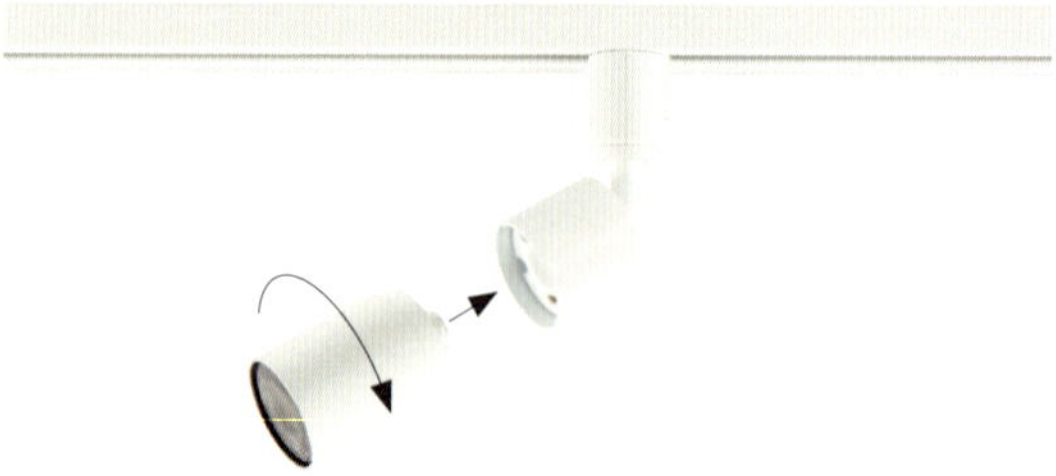

ランプの交換も手で回すだけで簡単に行える。脱着を繰り返しても、シンプルな筒状の形が崩れないような強度を確保している

別売りのフードを用いれば、まぶしさへの配慮が可能。接続部から光が漏れないように設計を工夫して、筒状の形に影響が出ないよう、灯具と同じ形状で設計されている

ダウンライト

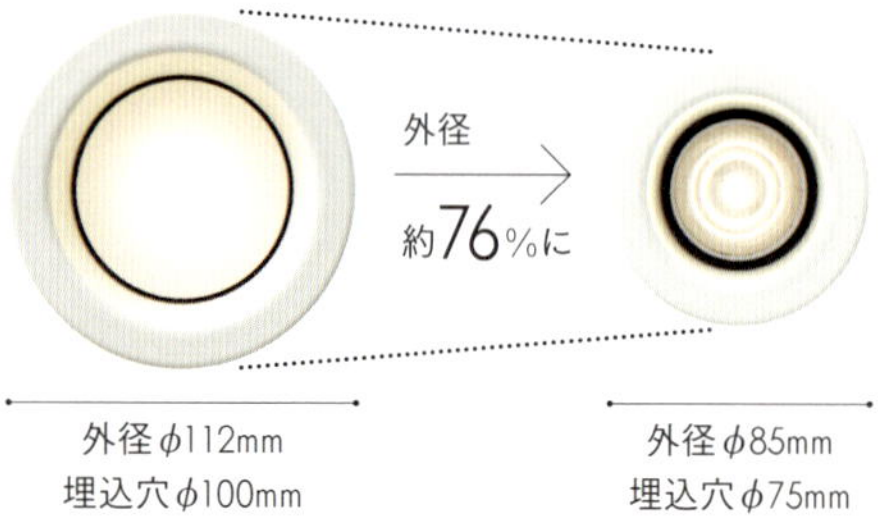

埋込穴径はφ75mm。従来比75%[★2]にまで小型化。存在感が目障りな枠の幅も5mmにまで抑えた

★2……「XAD1100VK CB1」［左］と「XSZD1000V CB1」［右］との比較

一般タイプ（遮光角15°）　　軒下用

天井いっぱいの大きな開口部がある空間では、室内から連続して軒下にもダウンライトを取り付けるケースがある。「Compact Lamp」では、室内用と軒下用で同じ枠のデザインとしているので、室内と屋外の一体感が生まれる

スポットライトと同様にランプ交換も可能。クルっと回すだけで作業が行える。工事・工具は不要

小型化による問題を徹底的に解消

［ライティングデザイン部 ライフスタイルデザイン課］
青木基浩
［商品企画部 非住宅空間商品企画課］
藤巻洋介

青木基浩

藤巻洋介

スポットライトの小型化では、従来のように筒状の本体にランプを入れるのではなく、「Compact Lamp」を露出。その際にポイントになったのが、A——灯具と「Compact Lamp」を接合をどのようにするか、B——灯具部をいかに小さくするか、でした。

Aでは、首垂れが起きないように、ランプ側にあるピンと突起を、灯具側にあるソケット穴で固定する方式を採用。ピンとピン穴を位置合わせしてクルっと回転するだけでしっかりとした強度が得られます。ランプを器具内に納めずに露出させることで、放熱しやすくなり、小型化にも成功しました。

Bでは、デスクスタンドの可動部分を参考に、配線部分への影響や繰り返しの首振りを考慮しながら、試作を繰り返し。器具本体径φ45mmという最小寸法を実現しています。

ダウンライトの小型化では、放熱への対策が大きな鍵となりました。建築物の高断熱・高気密化が進むなか、ダウンライトには厳しい使用環境になっています。それでいて小型化するわけですから、限られたスペースでいかに熱を逃がすか、が重要となりました。

具体的にはダウンライト本体のヒートシンクに厚みをもたせつつ、ランプに内部温度をコントロールする技術を採用しました。また、施工の際、ダウンライトの設置位置が中心からずれたとしても、気密性を確保できるようなガイドが設けられています。

ランプの交換も、表面にある2本のツメに指を引っ掛ければ誰でも簡単に行えます。輝点にならぬよう、このツメの形状にもこだわるなど、「Compact Lamp」には小型化に向けたさまざまなノウハウが詰まっているのです。

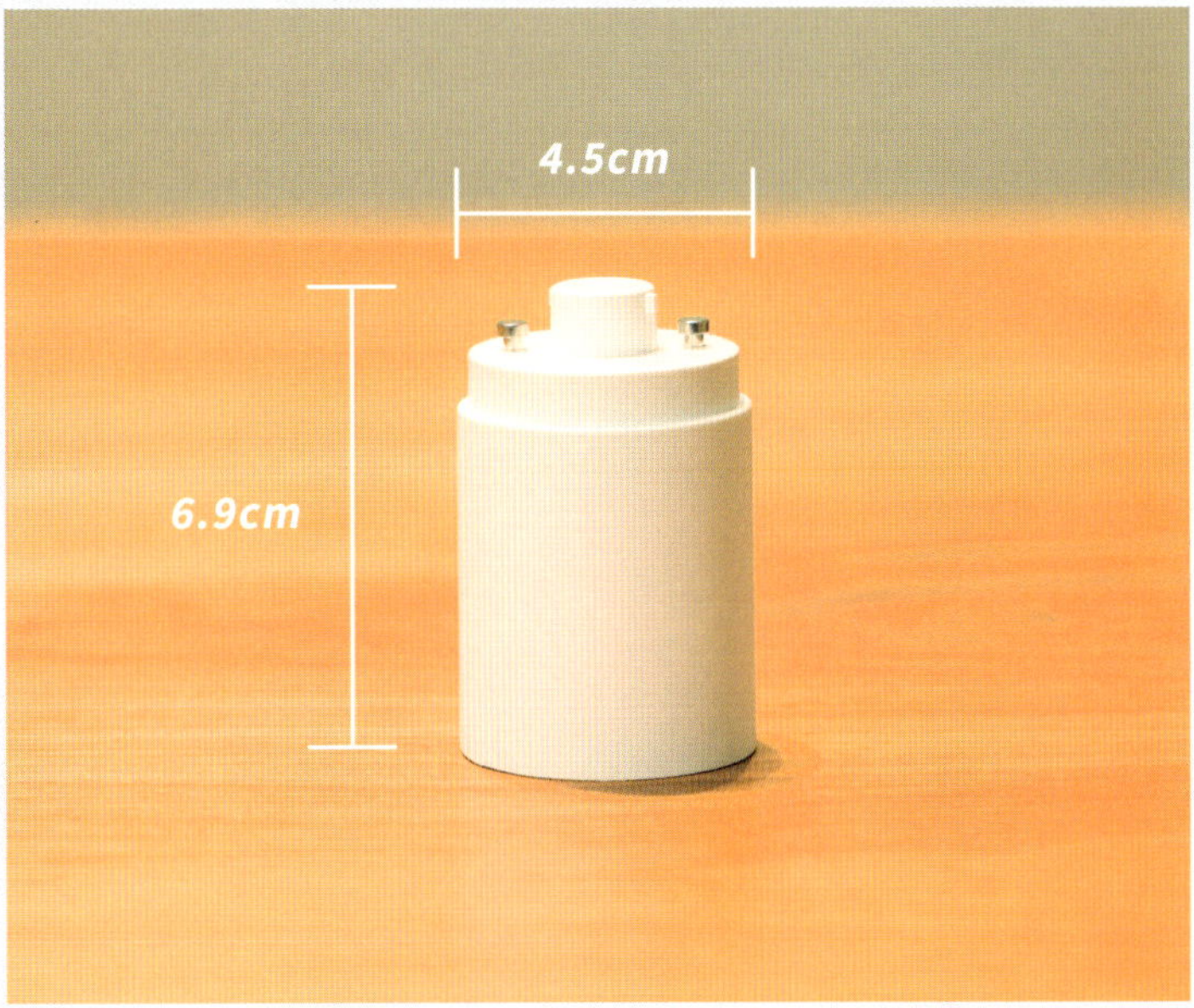

W4.5×H6.9cmという超小型サイズを実現した「Compact Lamp」。灯具に接続するためのピンが付いている。全体はマットな質感のホワイトで仕上げられている。ブラックもラインアップ

LINE BRACKET

HomeArchi ラインブラケット

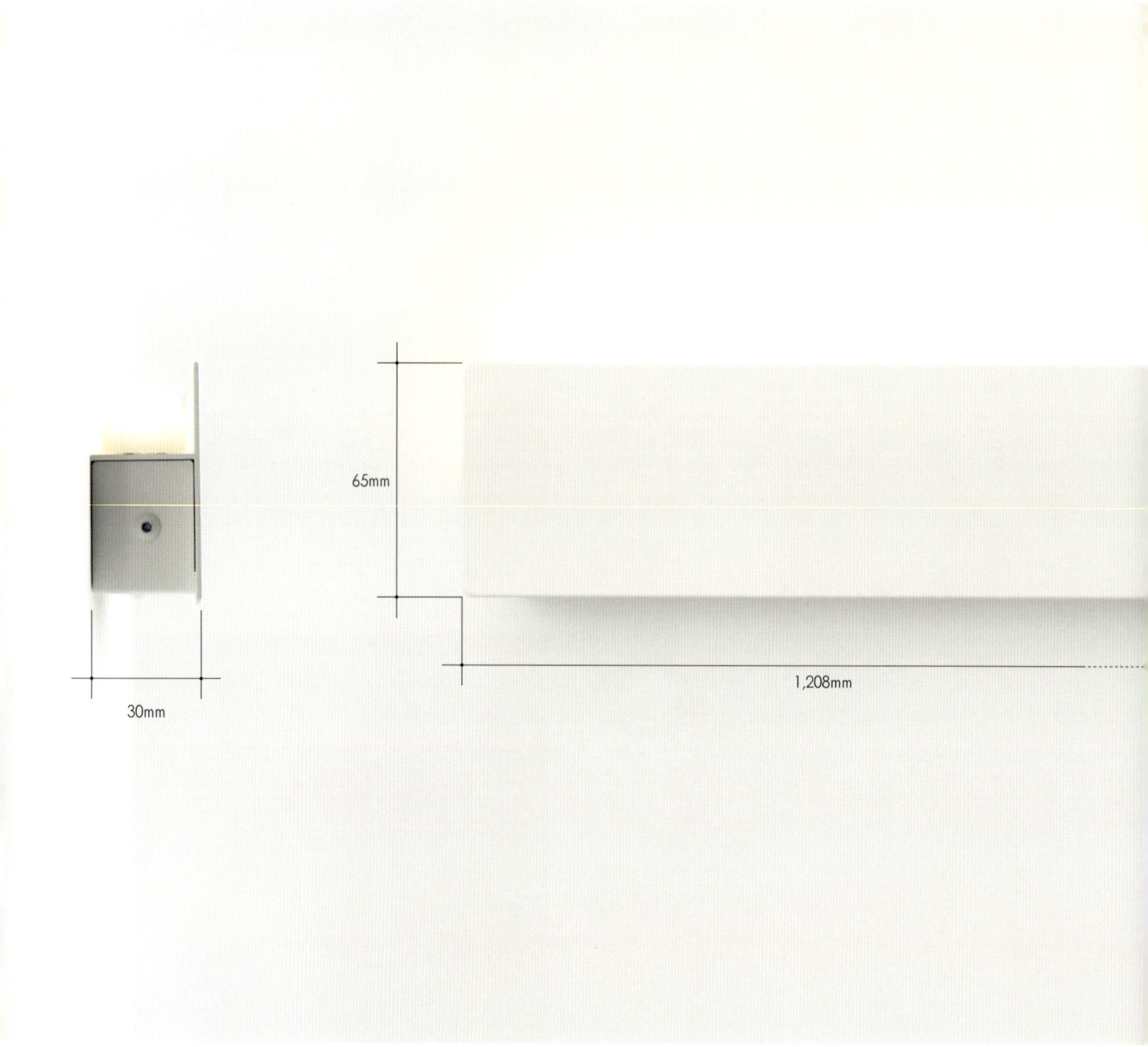

間接照明としての優しい光

「HomeArchi ラインブラケット」は、“建築視点”から住空間を見つめ、建築空間を創造する人が自由に使える“素材”としてのあかり「HomeArchi」から誕生したラインブラケット。壁面に柔らかく拡散する光で空間をライトアップする。

一般的なブラケットとの違いは存在感の小ささ。出しろはわずか30mmで、しかもシンプルな長方形なので、どんな空間にも違和感なく納まる。光源が見えないので間接照明としても利用が可能なほか、演色性がRa93と高いLED「美ルック」を採用しており、左官の骨材で生まれる陰影や、羽目板の木目などのテクスチュアを美しく引き立てる。

SCENE

ホワイトの「HomeArchi ラインブラケット」を縦使いとして、玄関土間をライトアップ。凹凸のある天然石や天井の羽目板の存在感を強調しつつ、土間にも光が柔らかく拡散。天井に照明器具を付けなくても、意匠・機能の両面で十分な明るさを確保している

FEATURE

「HomeArchi ラインブラケット」は出しろがわずか30mmで、どのような建築空間にもなじむ。光源は高さ65mmのアルミ押出し材の本体裏に隠れており、正面からは見えない。光源は乳白のポリカーボネートでカバーされており、光は周囲に柔らかく拡散する。色温度は電球色（2700K）と温白色（3500K）の2種類

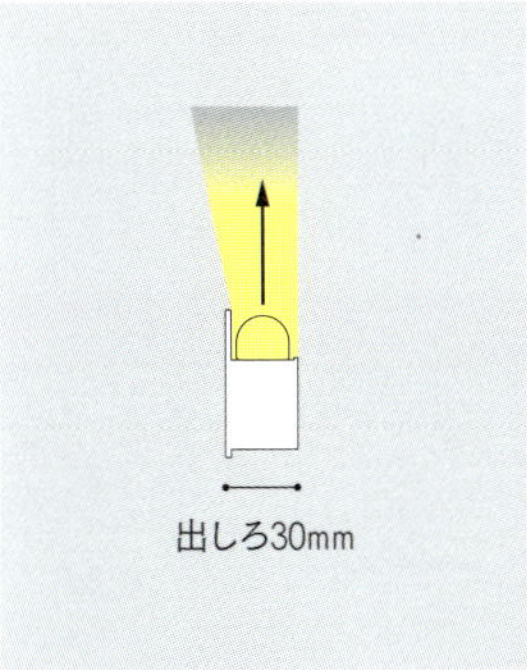

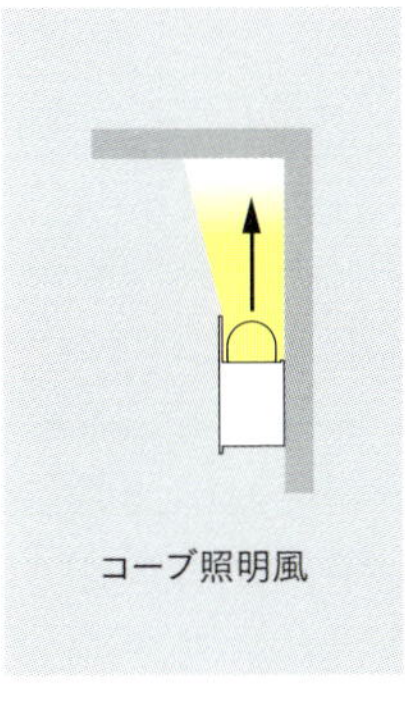

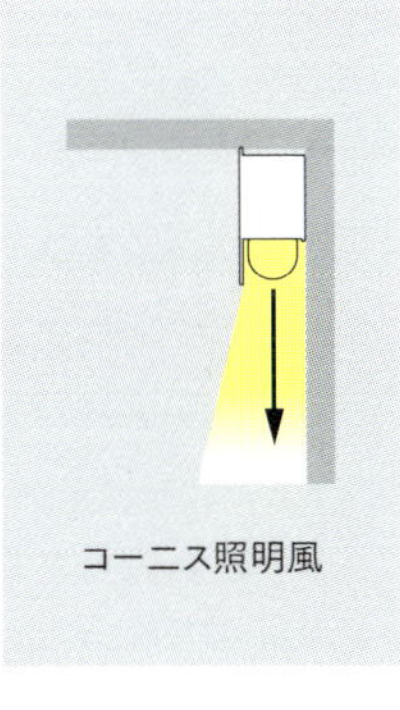

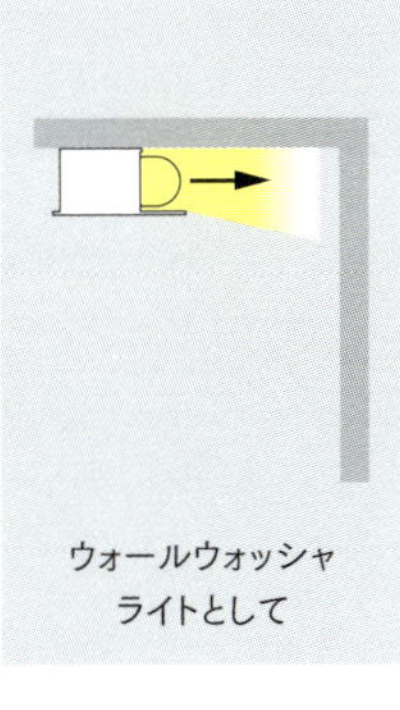

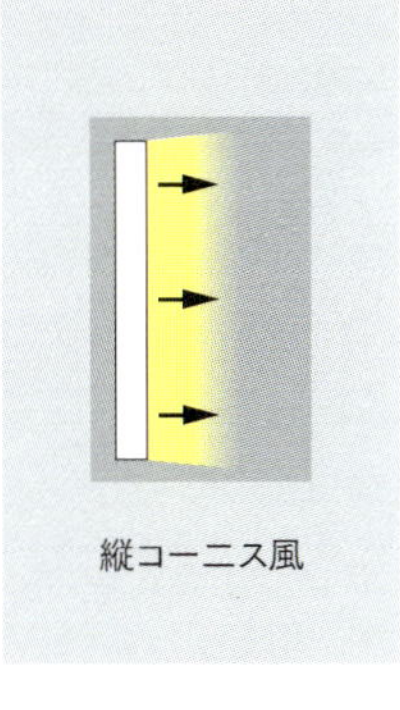

「HomeArchi ラインブラケット」は正面から光源が見えないように設計されている。したがって、造作で幕板や立上りなどのボックスを設けなくても、天井や壁に設置するだけで、手軽に建築化照明を実現することができる。100%〜約1%の間で調光が可能で、シーンに合わせて、細やかなあかり演出が可能

SWITCH & SOCKET

SO-STYLE

ソー・スタイル

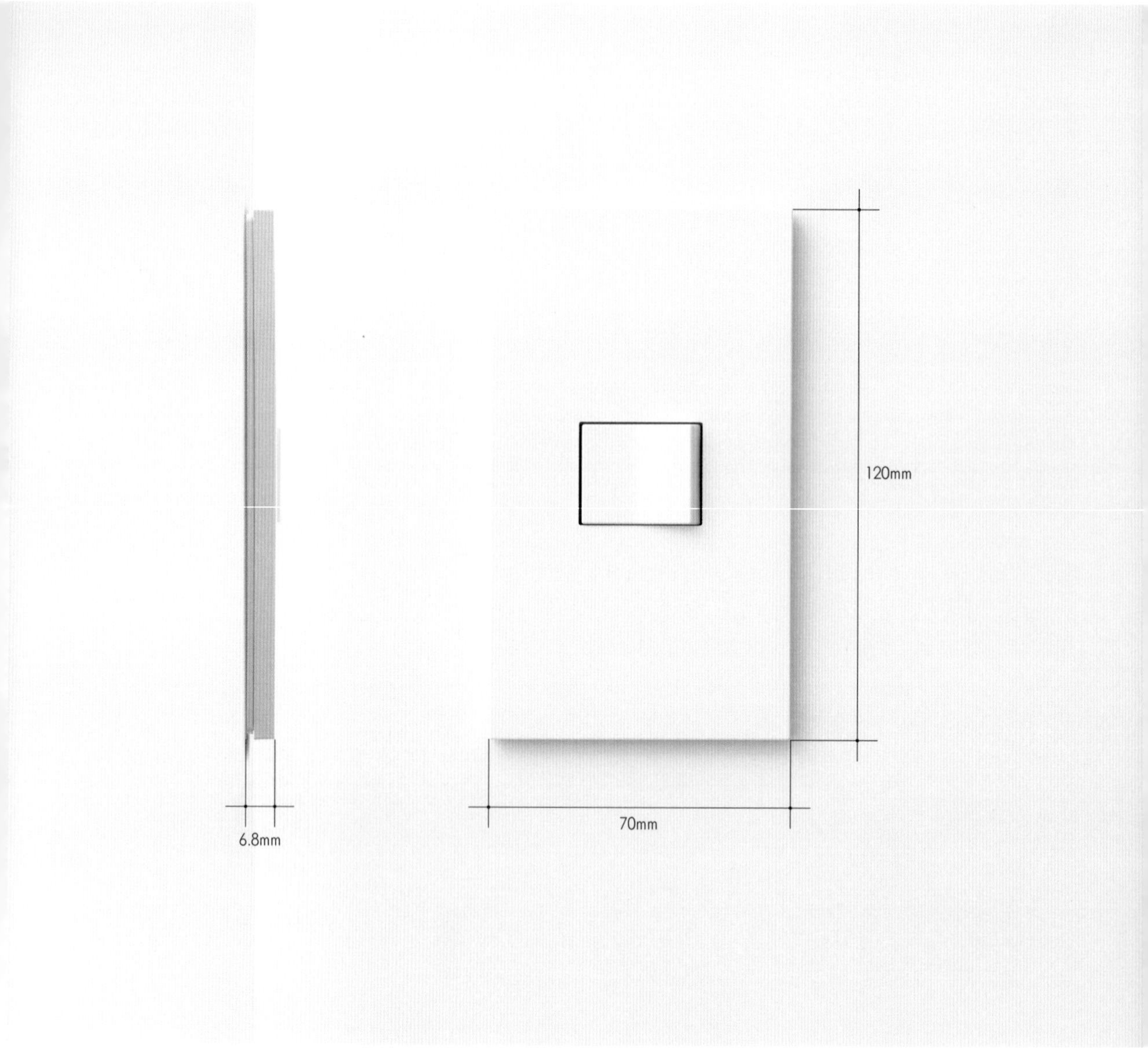

空間の背景になる配線器具

「SO-STYLE」は、さまざまな用途の建築に採用実績のあるスイッチ・コンセント。“空間の背景としての配線器具”を商品コンセプトに、開発が進められた。外形はもちろん、操作部(スイッチ)や挿抜部(コンセント)までをも徹底して“水平・垂直”でデザイン。建築と重ね合わせた瞬間、違和感なく納まっていることが分かる。

素材も建築との相性を考慮して検討。表面から艶を徹底して排除したことで、さまざまな壁面建材との調和を図った。光を拾っても悪目立ちすることがなく、建築に同化しているかのように感じられる。

スイッチの操作感も徹底的にこだわった。確実に入／切を感じるクリック感と静音性を両立している。

カフェのようなリラックスした雰囲気と暖かみに溢れるダイニング。そのプレーンな壁になじむホワイトの「SO-STYLE」。ノイズではなく、アイキャッチとしての気品を漂わせている

コンクリート打放しのような表情豊かな壁に合わせて、全体をグレイッシュにまとめたリビング。壁面に取り付けられたグレーの「SO-STYLE」がほどよいアクセントとして効いている

空気感を引き締めるブラックを基調とする空間。その壁面には、艶感のないブラックの「SO-STYLE」が壁面と同化するかのように存在

MODULE

ほかのコントローラと並んで設置されたときの美しさにも配慮した、高さ120mmを基本とする寸法体系を採用。コンセントの挿抜部さえも、“水平・垂直”で構成し、部材の隙間は最小限の寸法に統一。差し込み孔の形状もシンプルさと差し込みやすさを両立した形状になっている。素材も差し込み口までを含めてマットな質感に変更

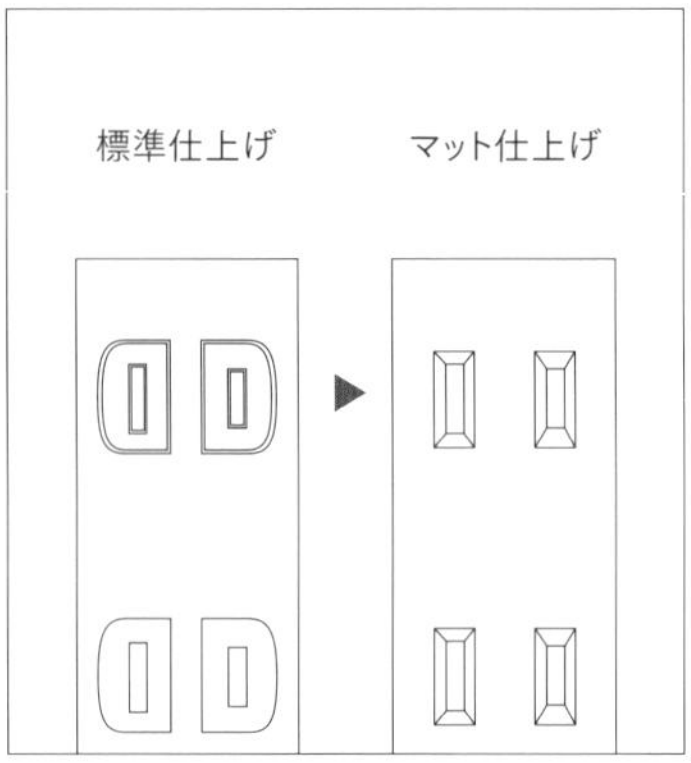

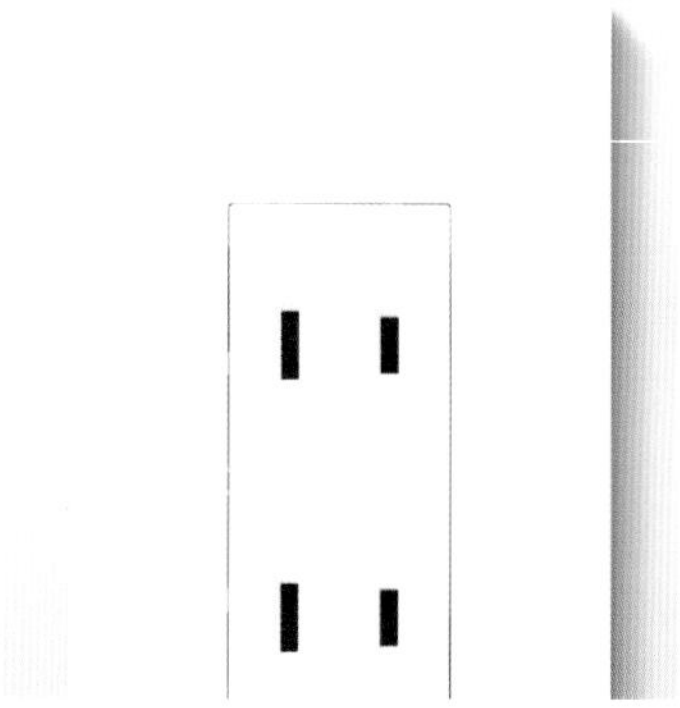

FUNCTION

優しい白色光のほたるスイッチや、最適な明るさを選べる調光スイッチ、センサー操作ユニット・押釦《おしぼたん》スイッチなどをラインアップ。住宅はもちろん、建築を初めて体験する人が多いホテルや店舗でも採用しやすい商品体系になっている

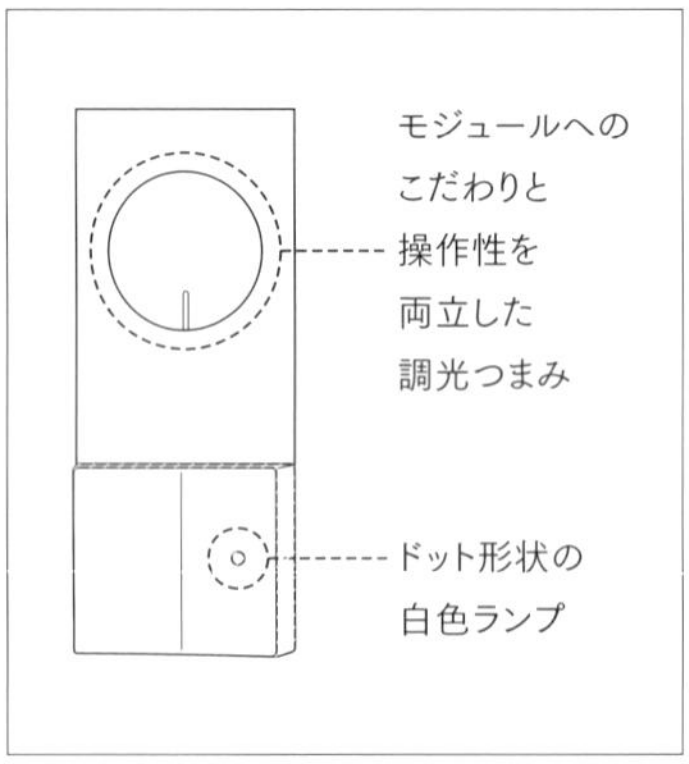

DETAIL

出しろは6.8mmの薄さを実現。プレート部を壁面から少しだけ浮かすことで、どんな壁面仕上げに対しても美しく納められるようにした

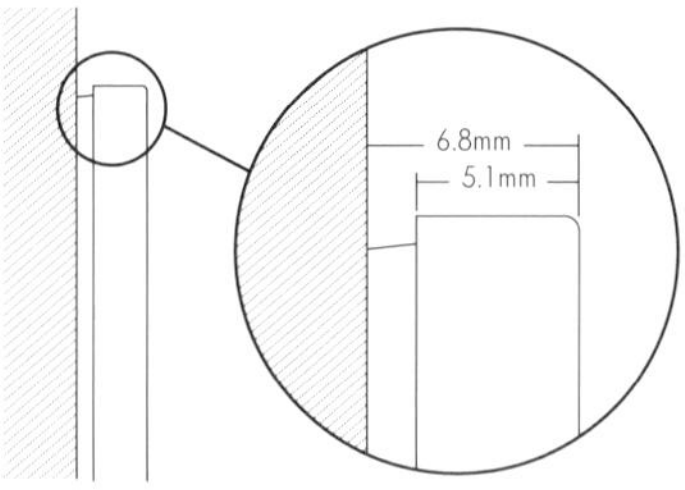

INTERFACE

スイッチの断面図。操作音の原因となる部品同士の衝突部分がなくなり、押した際の適度なクリック感は残したまま、ソフトな感触と静音性(32dB)を実現

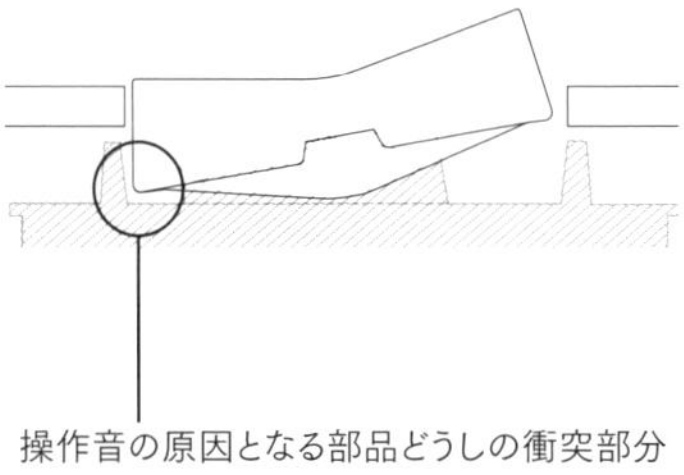

どんな建築にもなじむ普遍性を追求

［デザインセンター］
近藤高宣

近藤高宣

「SO-STYLE」は2020年に発売された商品です。それ以前は、電材代理店や工事業者を意識して商品開発を行ってきたのですが、デザインを“あとから付ける”という発想に基づくものが多かったですね。もっと本質的に、自身が設計者や施主の視点に立ち、「純粋に欲しい配線器具」をデザインしようと考えました。重要なのは「配線器具は一日のなかで一瞬、無意識に使われるものである」ということ。であれば、普段は空間の構成要素の一部として静かに存在しているべきだと。そのうえで、設計者の意見を採り入れつつ、試作を繰り返しました。

「Archi Design」は、1つのデザイン思想なのですが、その根底にあるのは「美しい、気持ちのいい空間が欲しい」という視点。その意味で「SO-STYLE」は、ブランドの理念を最も体現する商品といえるかもしれません。

“水平・垂直”や“モジュール”といった概念を素直に取り入れたシンプルかつ普遍的なシルエットが大きな特徴になります。表面や四隅はもちろん、操作部（スイッチ）や挿抜部（コンセント）までをも“水平・垂直”にこだわった結果、どのような建築空間とも調和します。

開発でもっとも苦労した点は、新シリーズ立ち上げに伴う品番数の多さ、その全体をデザインマネージメントすることでした。配線器具はシステム商品なので、どんな組み合わせでも破綻しないデザインにしなければなりません。したがって、各部材の形状・仕上げ・グラフィック表示のみならず、部品と部品の隙間寸法まで統一する必要がありました。将来的な展開性・更新性も考え、プラットフォームとしての完成度も求められましたね。

配線器具は20年使われる可能性がありますし、住宅・非住宅問わず各部屋に必ず設置されます。いわば公共性が高いインフラを担う商品ですから、デザインにも社会的責任があると考えています。流行り廃りに左右されない、本質的・普遍的なデザインを目指しました。20年後に「SO-STYLE」を採用してよかったと思って頂けたらうれしいですね。

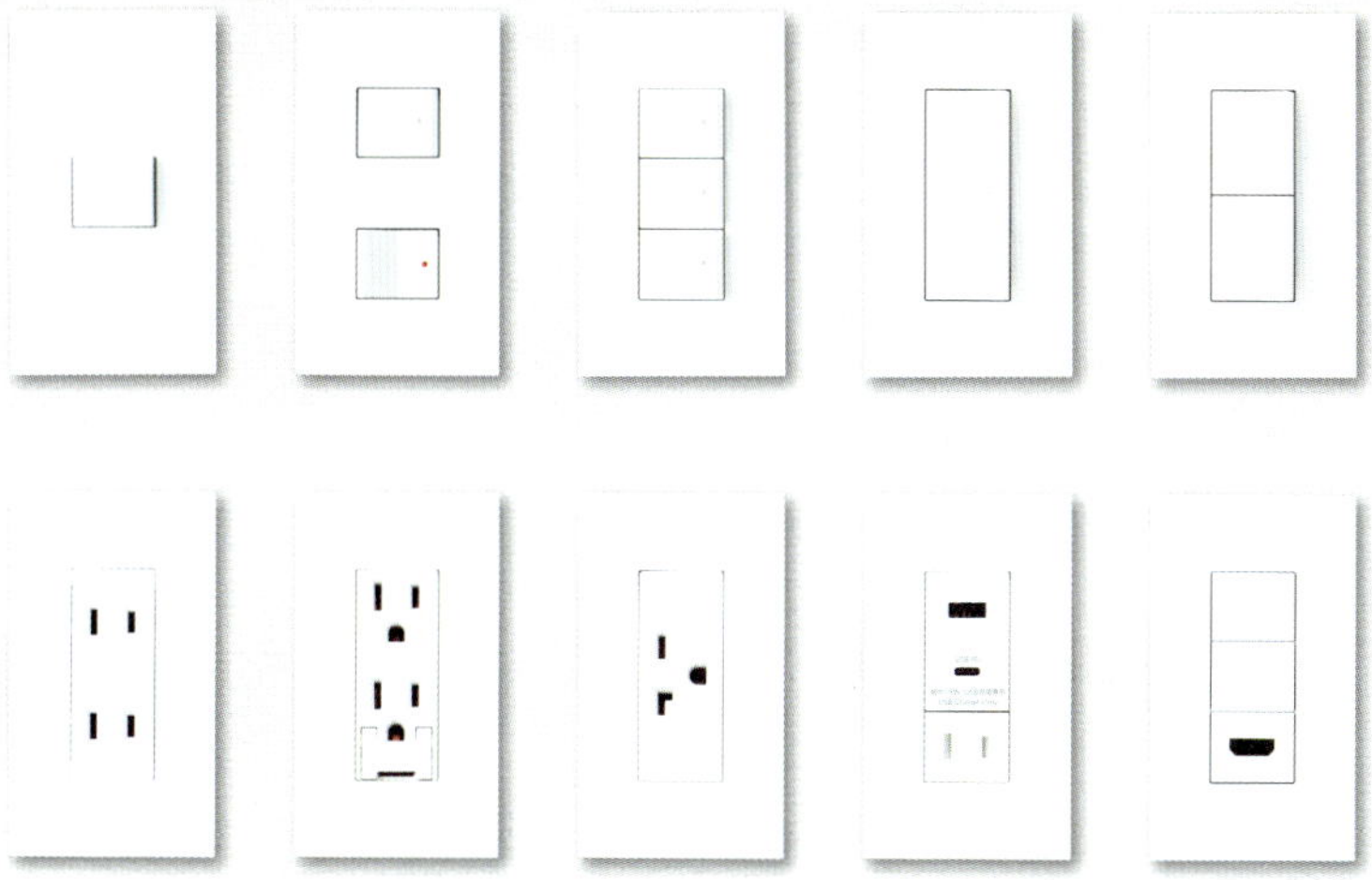

ホワイトのラインアップ。それぞれの機能ごとに表面の形状は違えど、“モジュール発想でデザイン”されているので、“群”としての調和が感じられる

SWITCH & SOCKET

ADVANCE SERIES

アドバンスシリーズ

空間に溶け込む大きなハンドル

「アドバンスシリーズ」は住宅を想定して開発された商品(2014年発売)。ワイドハンドルの採用で人気を博した「コスモシリーズ ワイド21」(2000年発売)の後継商品で、カバーの出しろはわずか6.8mmしかない。

従来品で採用されていた素材をマットな質感なものに変更したうえ、表面はフラットながらも、絶妙な3次元曲線の形状とした。端部に向かってほんの少しだけ丸みがかっており、緊張感が緩和された柔らかみのある雰囲気が漂う。

「アドバンスシリーズ リンクプラス」では、スイッチとスマートフォンをBluetoothで連携することが可能。使い勝手の面でもストレスは発生することはない。

SCENE

白を基調としたノイズレスな空間。主張を抑えたマットホワイトの「アドバンスシリーズ」のスイッチが、さわやかな間接光で明るさを帯びた空間のなかで清潔感を漂わせている

FEATURE

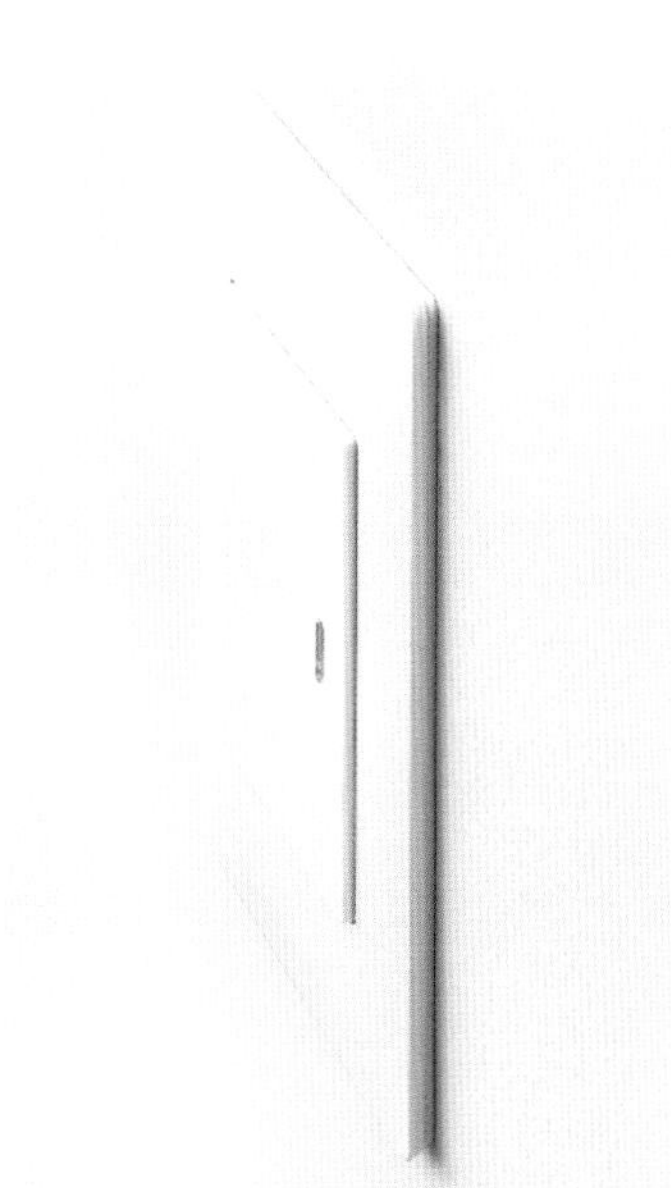

出しろを「コスモシリーズワイド21」の8.8mmから6.8mmへと薄型化を図った「アドバンスシリーズ」のスイッチ。壁面に生じる凹凸を最小限に抑えた。ハンドルとプレートの質感を統一して、建築との調和を図った

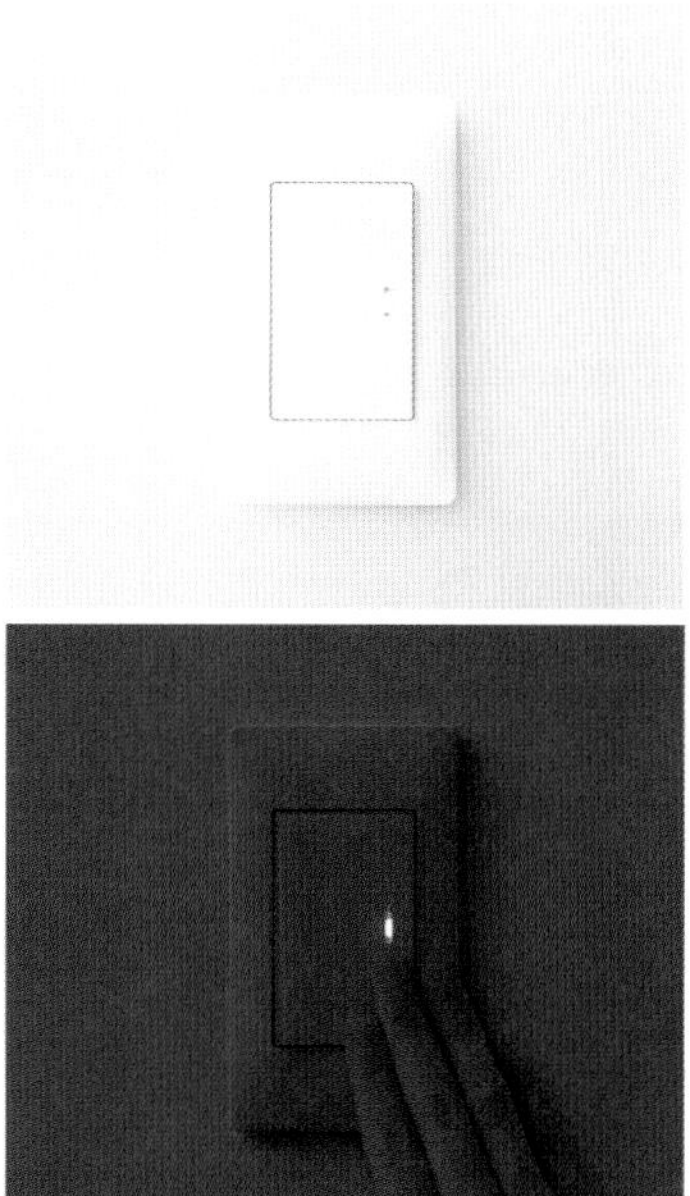

白のLEDを採用した「アドバンスシリーズ」のほたるランプ。従来製品の“ほたるランプ”を比較すると、従来製品は操作部と光る位置が異なっていたが、操作部とほたるランプの位置が同じになり、直感的な操作がしやすくなった

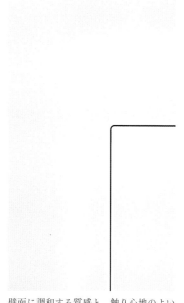

壁面に調和する質感と、触り心地のよいマットな仕上がり。汚れも取りやすく、簡単な拭き掃除で美観を保つことが可能

EXTERIOR SOCKET

スマートデザインシリーズ 防水コンセント

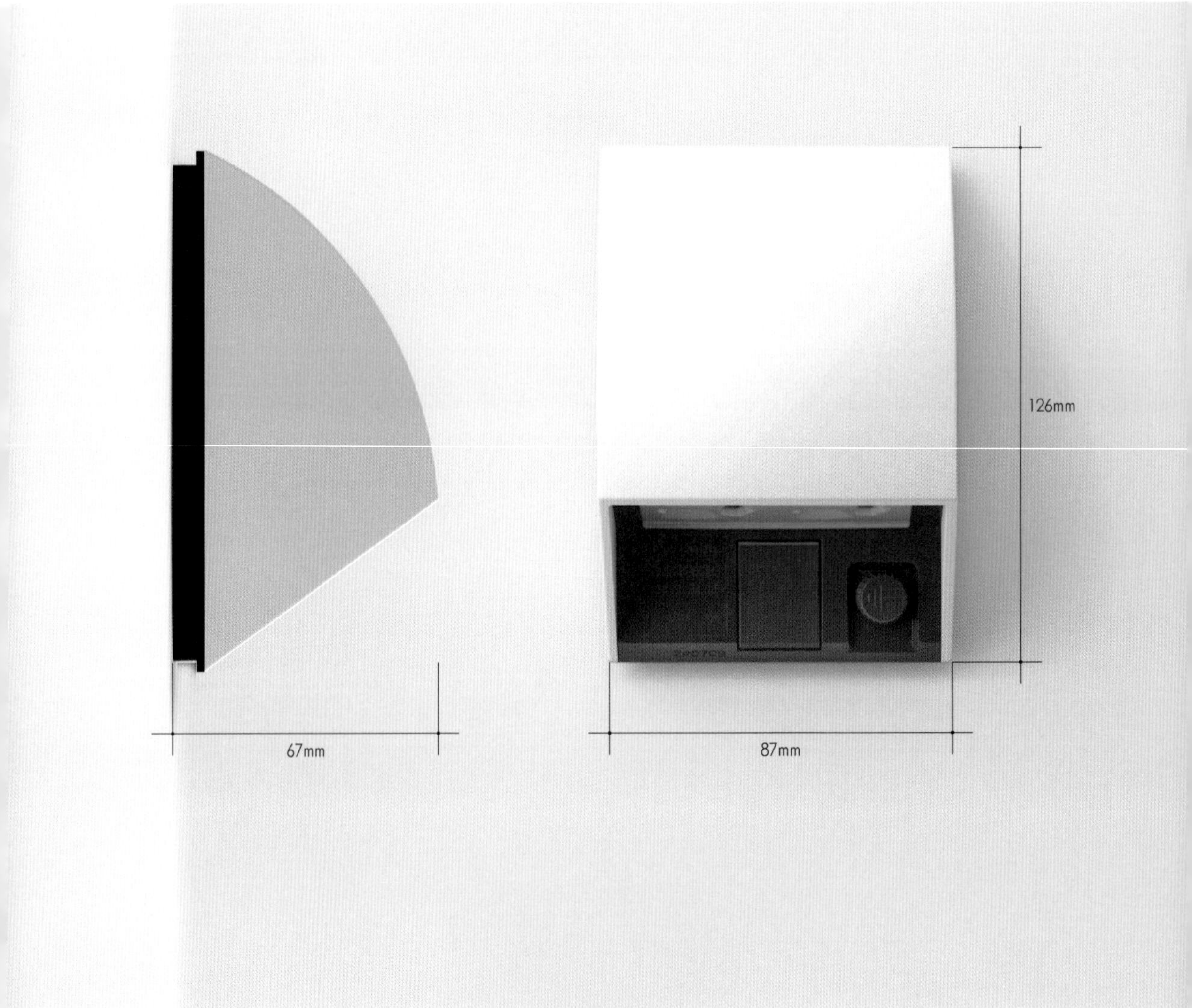

必然性から生まれた曲面

「スマートデザインシリーズ」は、カバーの素材は樹脂ながらも、洗練されたメタリック塗装の技術で金属のような質感を表現した屋外用の配線器具。カーブした形状も特徴的で、金属や左官などさまざまな外壁と調和しつつ、自らの存在も主張する。

使い勝手にも配慮が行き渡っている。電線を下から取り付けることを考慮して、差し込み口は抜け止め式となっていて、電線(負荷機器)を常時接続しても、コードの自重で電気的な接触が不安定にならない。

アウトドア空間へのニーズの高まりや電気自動車の普及が将来的に見込まれている。その存在感はますます高まるだろう。

室内と室外がフラットにつながる半屋外空間のシーン。左官壁やウッドデッキ、見付けの小さなスチールの手摺といった建築の美しさを構成する要素に対して、「スマートデザインシリーズ」は見劣りしない

FEATURE

A

エクステリアの電源に
防水コンセント

防水・防塵保護
カバー付

B

庭園灯の自動点灯・消灯に
電子 EEスイッチ付
フル接地防水コンセント

C

電力線、TV線、
電話線の引き込みに
防雨入線カバー

D

TV線、電話線の引込みに
小形防雨入線カバー

E

インターホンや庭園灯の
電力線・弱電線の引出しに
防雨形ジョイントボックス

F

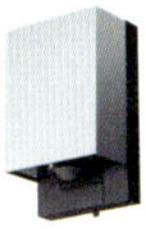

センサーで家族の帰宅を
明るくお出迎え
熱線センサ付
自動スイッチ

G

門灯や庭園灯の
自動点灯、自動消灯に
電子 消灯タイマ付
EEスイッチ

H

電力計ボックスに
WHMボックス

I

給湯器用の電源に
入線機能付防水コンセント

用途や場所(玄関脇・駐車場・バルコニー・庭など)に応じた幅広いラインアップも特徴の1つ。色は外壁材やサッシの色に合わせられるよう、ホワイトシルバー・シャンパンブロンズ・ホワイト・ブラックの4色展開

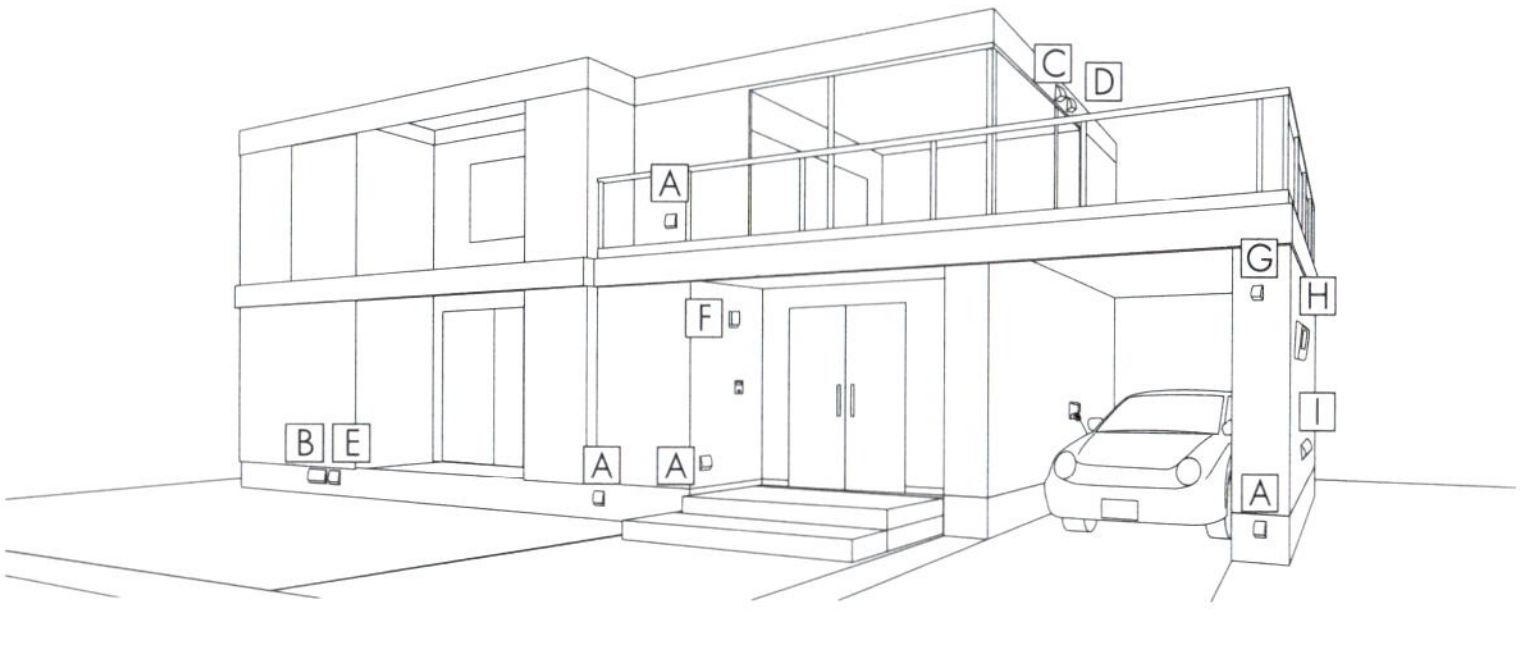

DISTRIBUTION BOARD

FLEXIID

フレキシード

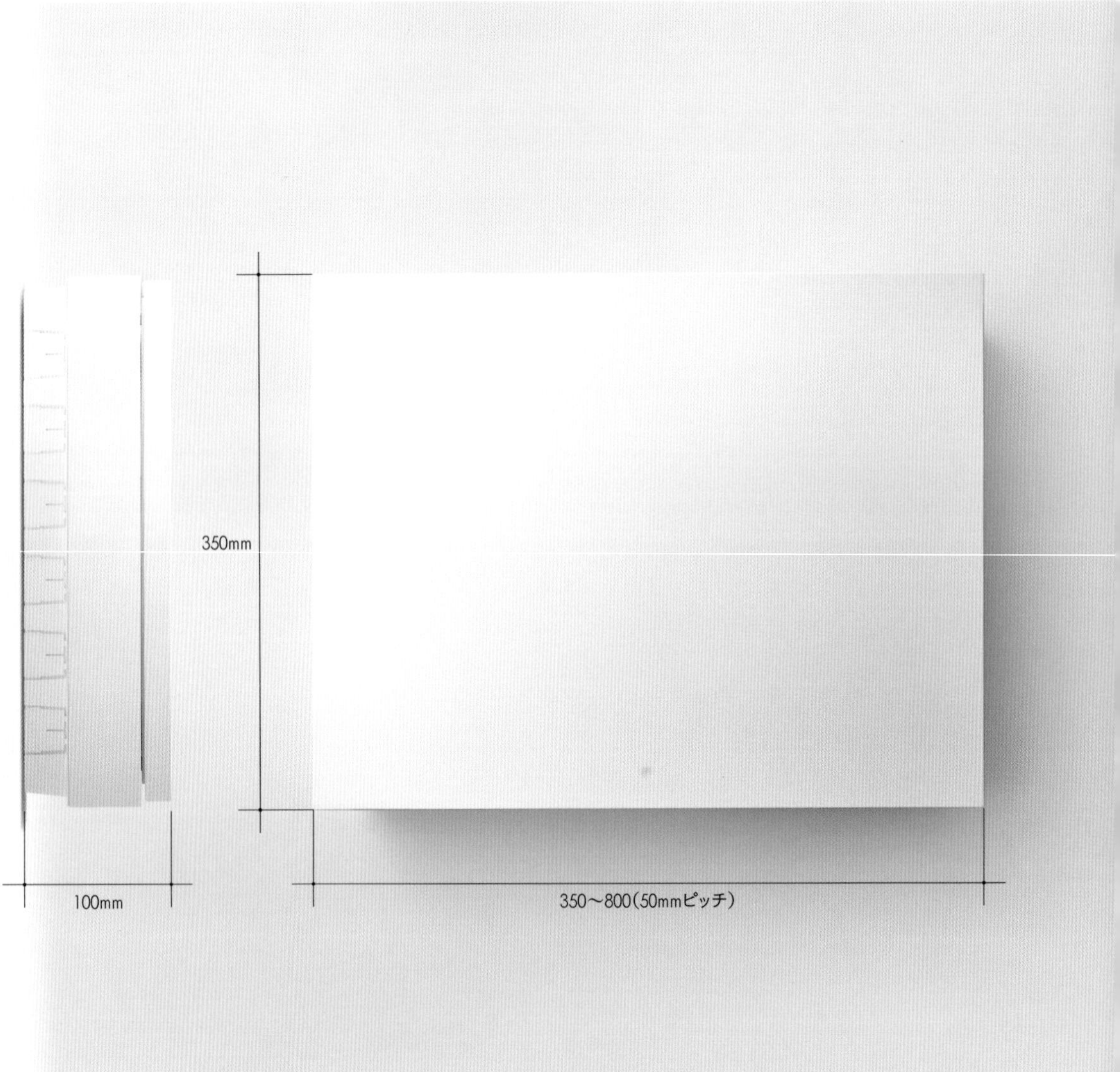

設置自由度の高い分電盤

「FLEXIID」は、インテリアに溶け込む四角形の住宅分電盤。分電盤といえば、サイズの大きさから「玄関収納の上部に設置して扉で隠す」など、その存在を見せないことが当たり前であった。その原因は、壁面からの出っ張りと建築になじまない丸みを帯びた形にあった。

それに対して「FLEXIID」は、壁面に同化することを目指し、まるでシンプルな収納家具のようにデザイン。露出設置しても空間の雰囲気を壊さず、LDKのような生活空間に取り付けてもさまになる。

造作家具の一部に組み合わせることも可能[106・107頁参照]。無理して隠す必要がなくなるので、ブレーカーが落ちた際にもすぐに復旧が行える。

「FLEXIID」は単純な四角形なので、壁と天井に寄せて設置できる。クリアランスを確保する必要はない。しかも、カバーは90°開くので使い勝手も申し分ない。表面はシボ加工で処理。艶感のないホワイトの「FLEXIID」には気品すら感じられる

「FLEXIID」は上下左右に連結して使用することが可能。連結部も造作家具の目地のようにしか見えないので、吊り戸棚収納のように壁面に美しく納まる。したがって、キッチンやリビングにも設置しやすい

FORM

サイズは350×350〜800（50mmピッチ）。さらに、空間への調和を目指して、奥行きを100mmにまで薄くした。100mmは業界最薄の厚さ★。圧迫感がないので、これまでよく設置されてきた玄関や洗面所、ウォークインクローゼットに加え、リビング・ダイニングに設置しても違和感がない

★……ドア付きの場合。2024年4月調べ

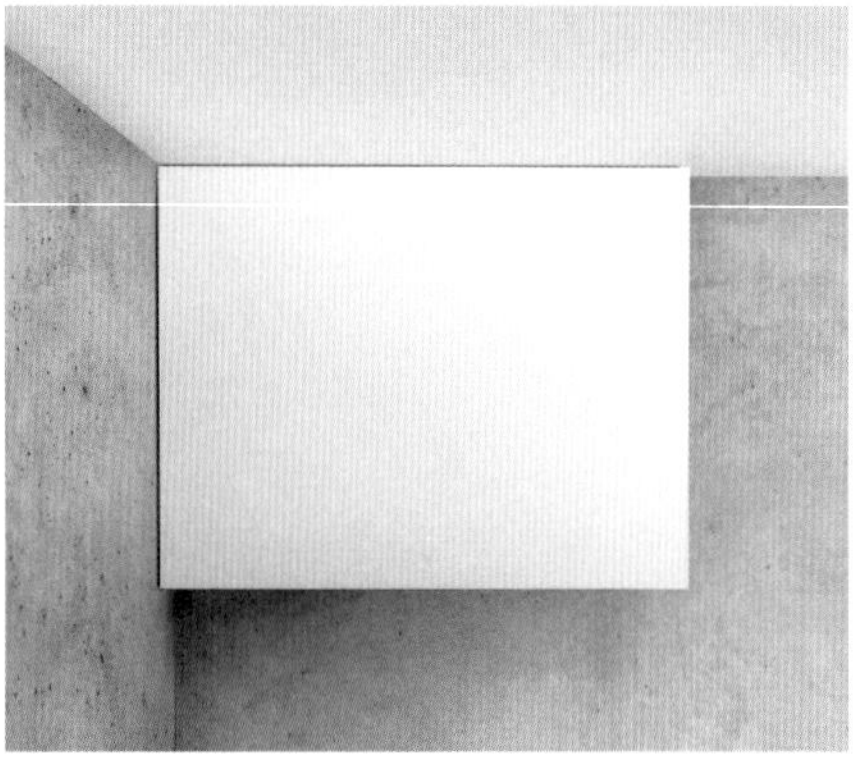

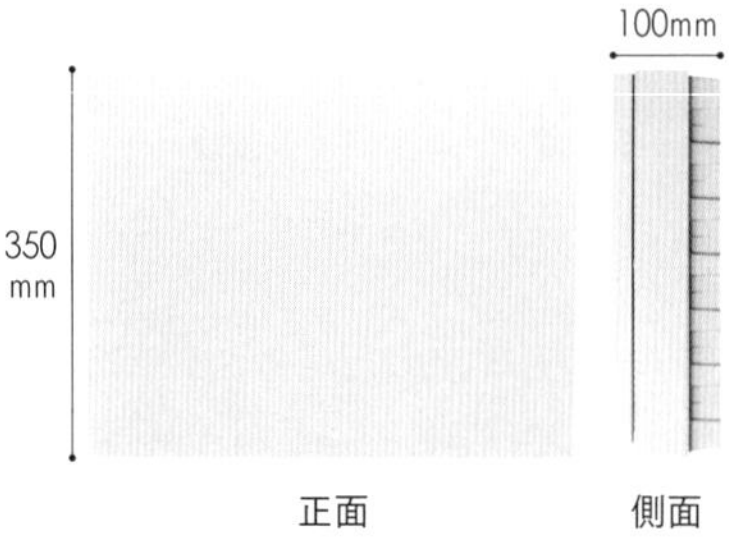

FUNCTION

外形四辺を完全な90°形状にすることで、天井面や壁面、収納キャビネットにぴったり設置することが可能。扉は軸を扉側とすることで最大90°開き、天井にも干渉しない

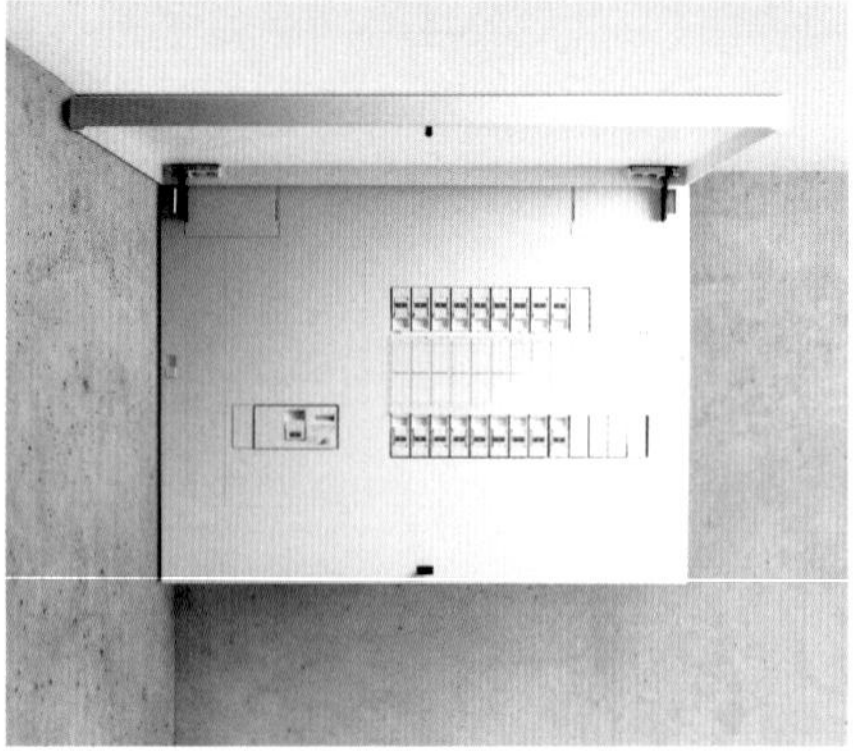

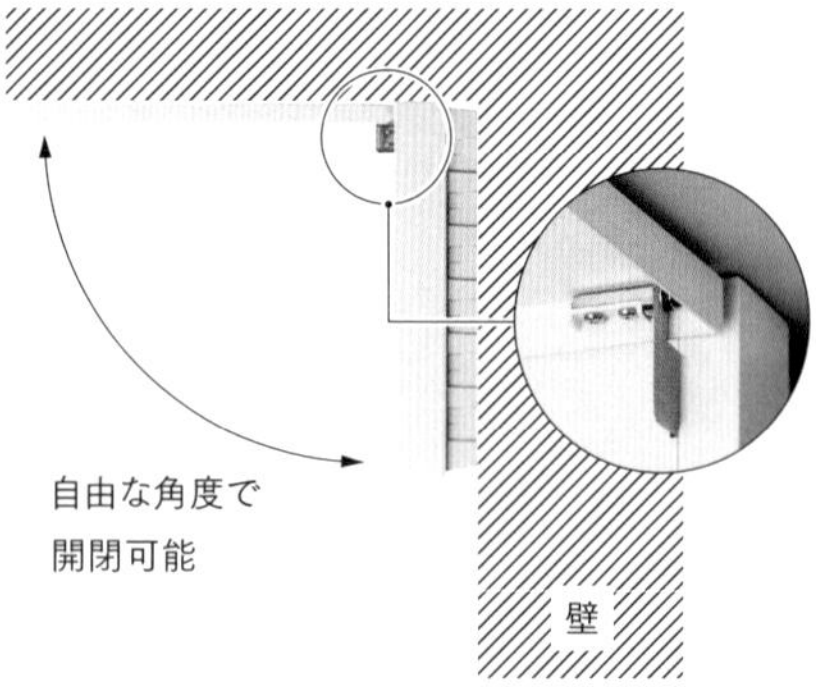

躯体に干渉しないよう開閉できる

FLEXIBILITY

50mmピッチで10種類のサイズ展開。回路数に合わせ、幅350mm〜800mmまでが選択できる。リビングやパウダールームで使用される家具やインテリアのモジュールに合わせられるので、どのような空間にもなじむ。縦使いという分電盤の常識を覆す使い方も可能

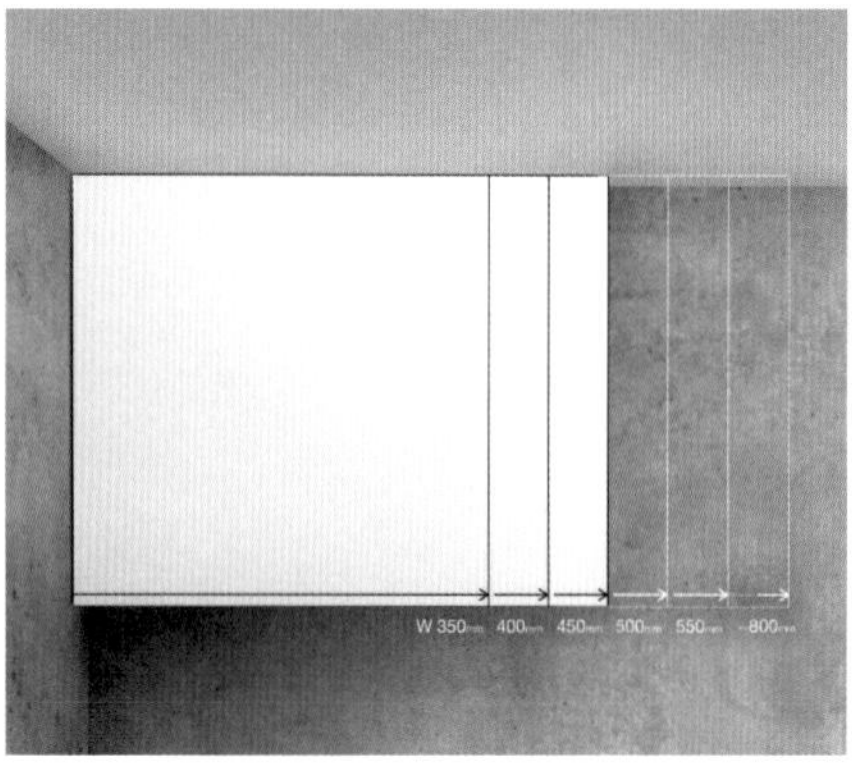

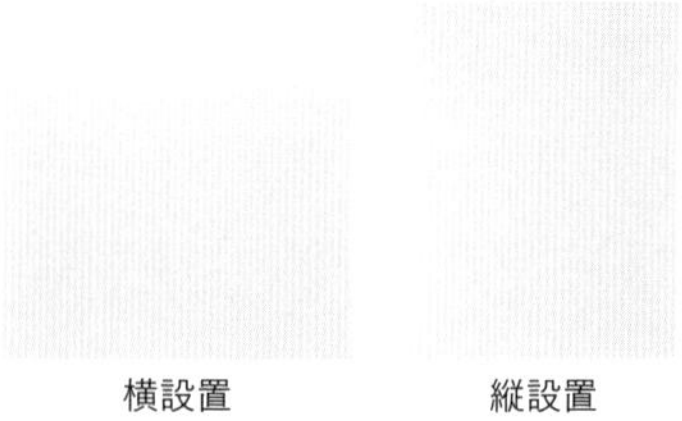

限られたスペースでも設置できるよう横・縦設置が可能に

EXTENSION

近年は、住戸内に複数の分電盤を設置するケース、リフォーム時に増設するケースが増えている。これに対して「FLEXIID」は隙間なく上下左右に並べて設置できるので、空間に合わせた最適なプランニングがしやすい。オプションボックスも用意。壁面に設置されるさまざまな機器を収納できる

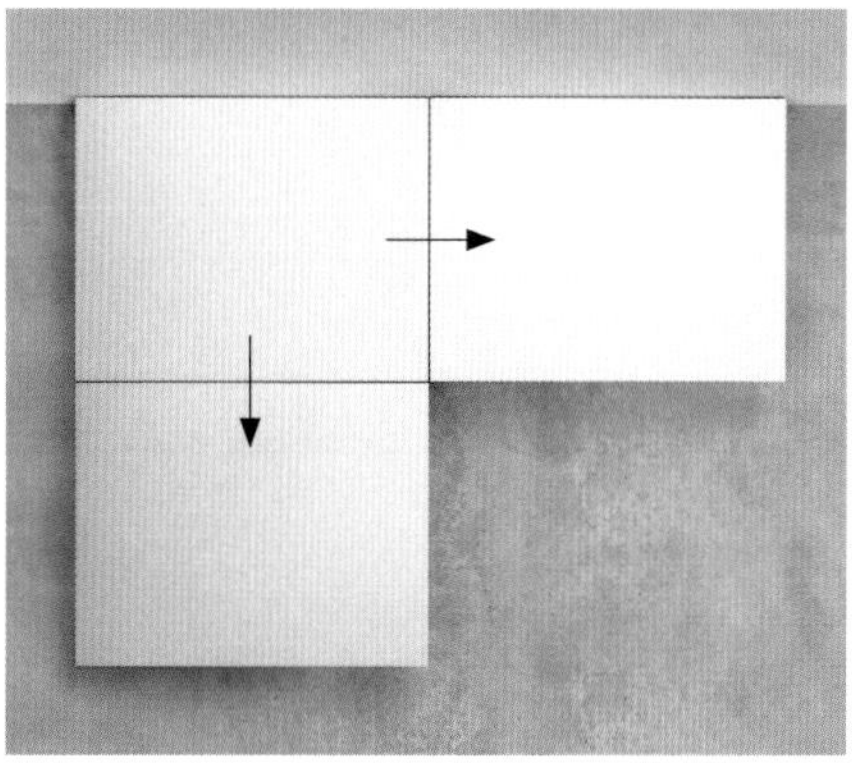

分電盤背面で接する側面のノックアウトを用いて電源線を送ることができるので、配線が室内に露出しない

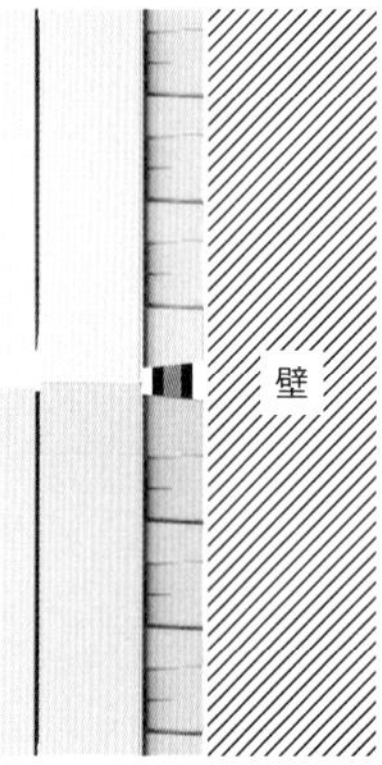

日本の住宅における定番を目指した形

[デザインセンター]
近藤高宣
[商品営業企画部]
井上敬文
[商品技術部]
篠田尚規

近藤高宣

井上敬文

篠田尚規

「分電盤は見せたくない。どうにかして隠したい」──。限られた住空間のなかで、こうした設計者が抱えていた長年の悩みに正面から向き合って開発し、2025年3月に発売したのが住宅分電盤「FLEXIID（フレキシード）」です。開発では、A──天井・壁・収納にピッタリと納まる形、B──壁面で収納と一体感を生むディテール、C──プランニングがしやすい整数値のモジュール、という3点を特に意識しました。

Aでは四角い箱を目指して、成形金型を工夫。従来の技術では直角で製造することが難しかったのですが、“水平・垂直”を実現すべく、スライド金型を採用しました。扉も90°開閉可能となっています。これはヒンジ軸を扉の内側に配置することで実現したもの。こちらは、当社のノートPC「Let's note」の構造から着想を得たものです。

Bでは上下左右に連結設置したり、壁や天井、家具と隣接して納められるようになっているのですが、その納まりの美しさは“目地”の幅で決まるといっていいでしょう。「FLEXIID」では、建築（家具）の一部として見えるよう、連結設置した際の目地幅を6mmになるように設定しました。

Cでは350や800というように、整数値で寸法設定。ブレーカのサイズから箱の外形寸法が決められていたので、分電盤の外寸が整数値ではありませんでした。「FLEXIID」は50mmピッチのサイズ展開を実現しているので、空間設計・電気設備設計が非常にやりやすくなったと思います。

素材や色艶にもこだわりました。「FLEXIID」では、軽く、硬さに優れるPC＋ABS樹脂を採用しているのですが、配線器具「SO-STYLE」と同様にシボ加工を施しました。艶感がなく、照明や外光を受けても反射しないため、悪目立ちしません。

形も相まって、まさにこれまでの分電盤とは趣がまったく異なる、これからの日本の住宅における新しい定番を目指しました。「FLEXIID」が今後、日本全国の住宅で電気の安全を担う存在になってくれればうれしいです。

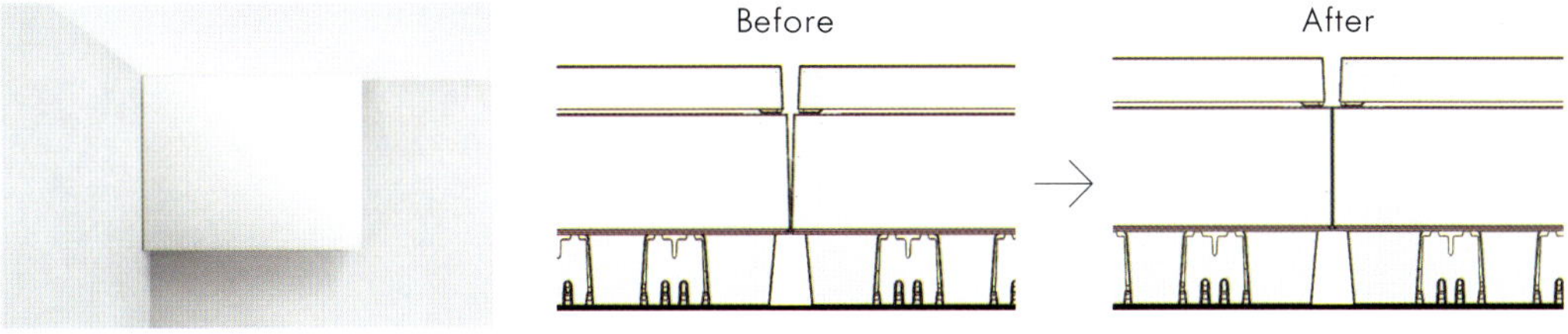

天井・壁面・家具への密着設置、連接設置時に隙間なく設置するためにこだわった、本体カバー全周の90°の角度。樹脂成形では通常左図のように角度が付くため、隙間が空いてしまう。一方、「FLEXIID」はスライド金型を採用することで、完全な90°の美しい箱体を実現している

WIRELESS INTERPHONE SYSTEM

AirEZ

エアイーズ

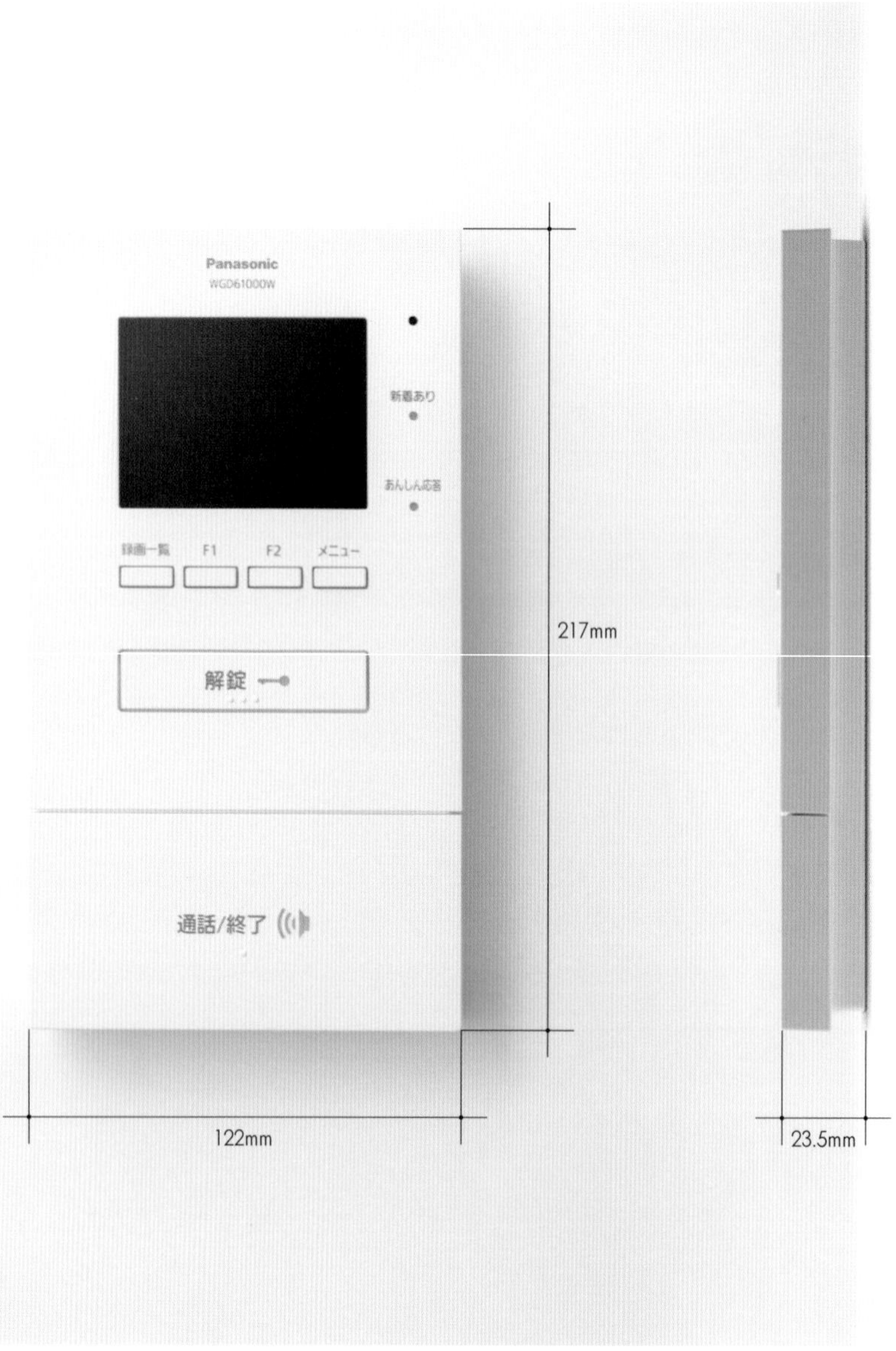

集合住宅の安心・安全をスマートに

「AirEZ」は、ロビーインターホンと各住戸をつなぐ幹線配線をワイヤレス化によって、簡単にオートロック対応にすることができるアパートや小規模マンション向けのワイヤレスインターホンシステム。居住者はより安心・安全な暮らしを実現、住まい探しをする方からも選ばれる物件になり、資産価値の向上にも貢献することが可能になる。

デザインとしても、“水平・垂直”にこだわり、壁面からの出しろも23.5mmに抑えるなど、スタイリッシュな形状に。モニターやボタンなどの配置にもこだわり、表面に見える要素を必要最小限に抑えている。壁面にそのまま設置しても美しい。

SCENE

共用部分に取り付けられるロビーインターホン、専有部分に取り付けられるインターホン親機ともにスタイリッシュなデザインが特徴。目障りでしかない配線もなく、空間と調和している

FEATURE

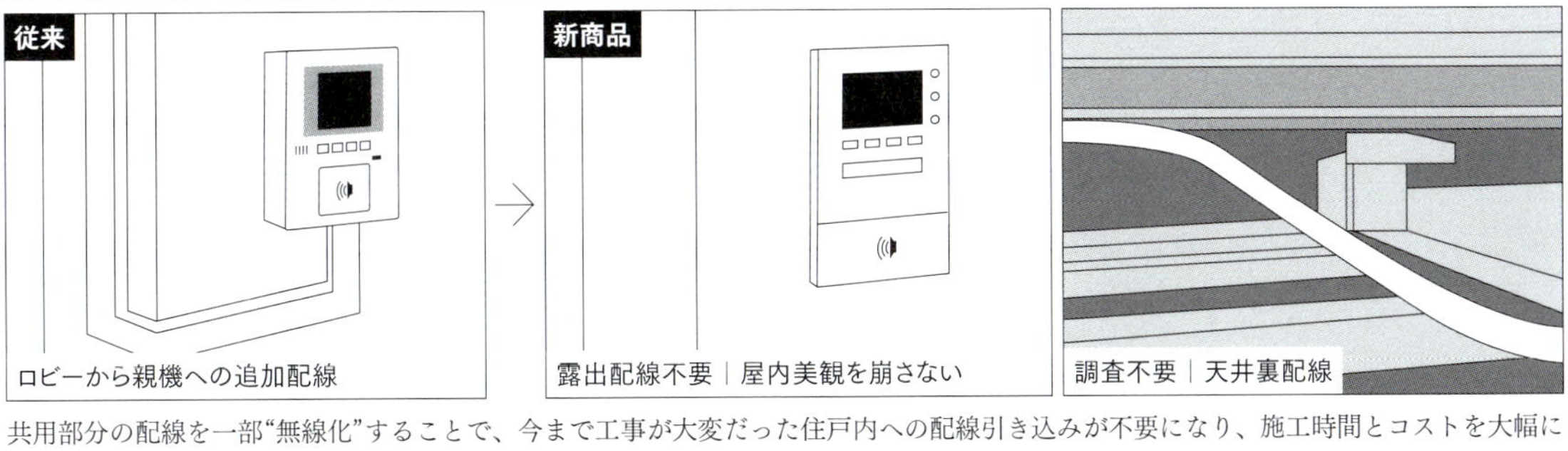

共用部分の配線を一部“無線化”することで、今まで工事が大変だった住戸内への配線引き込みが不要になり、施工時間とコストを大幅に削減可能。また、住戸内も露出した配線が美観性を損なわせていたが、「AirEZ」ではその懸念がなくなる

HOME ENERGY MANAGEMENT SYSTEM

AiSEG3

アイセグ3

使いやすく主張しない画面デザイン

「AiSEG3」は、太陽光発電を徹底的かつ賢く使うことにフォーカスしたHEMS（Home Energy Management System）の中核機器である。太陽光発電の量や電力使用量を予測して、電気代削減をサポートする「AIソーラーチャージPlus」機能に対応する機器が増えたほか、「V2H蓄電システム eneplat」［140・141頁参照］との連携によって、電気自動車を大容量蓄電池として積極的に活用できるようになった。

デザインも刷新。“水平・垂直”という思想を形だけではなく、画面デザインにも取り込み、画面が表示中も、建築との調和が感じられる。購入後に、順次アップデートすることが可能で、“更新性”にも優れている。

一般的な操作パネルとは一線を画す、“水平・垂直”を意識してデザインされた「AiSEG3」のデザイン。本体への印字や操作ボタンもなく、「Compact Lamp」［118–121頁参照］や「アドバンスシリーズ」［128・129頁参照］とも調和する

梱包方法にも配慮。必要な表示だけを必要なサイズに配置することで印刷面積を縮小。インク使用量を約50%削減。バーコードの位置も揃え、倉庫での作業性も高めた

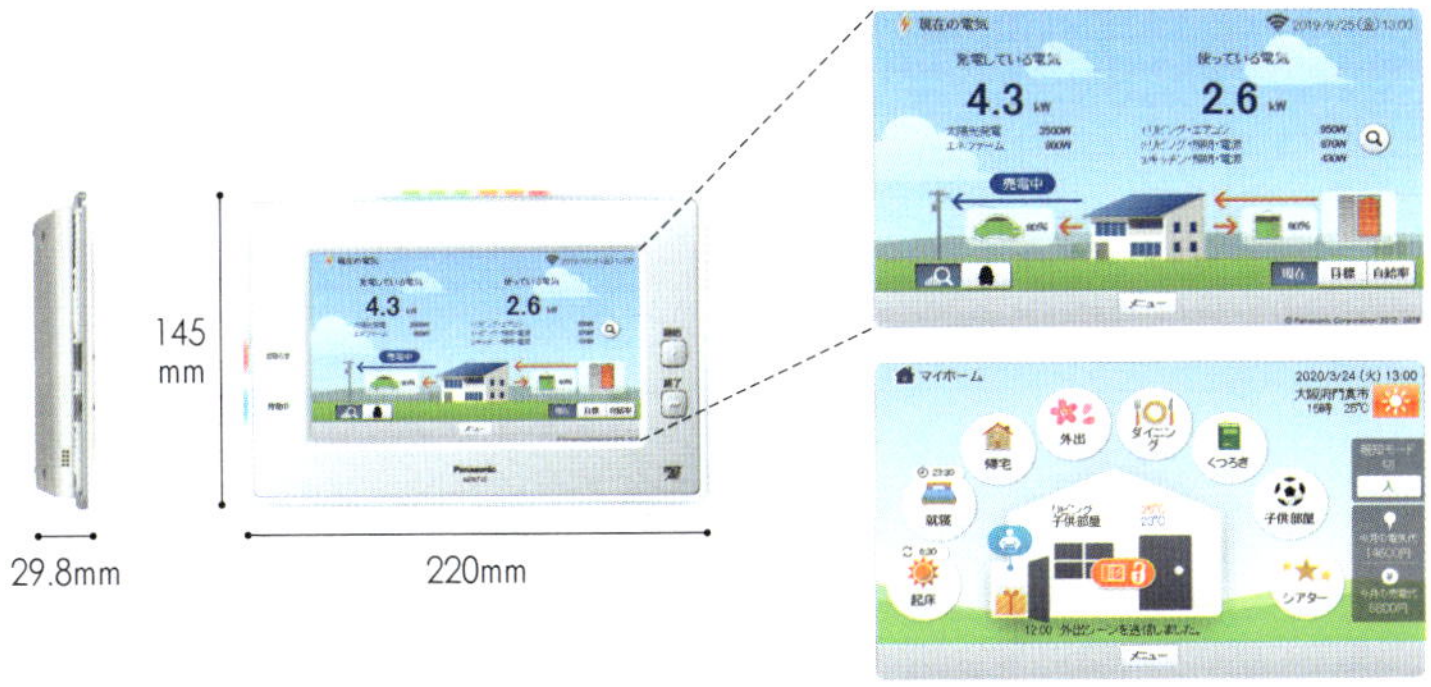

「AiSEG3」の前世代品に当たる「AiSEG2」は、サイズが大きく奥に向かってテーパーがかかった形状となっており、画面の外側には印字や操作ボタンが存在する。画面（7型）もカラフルに表示されているが、建築との調和は感じられない

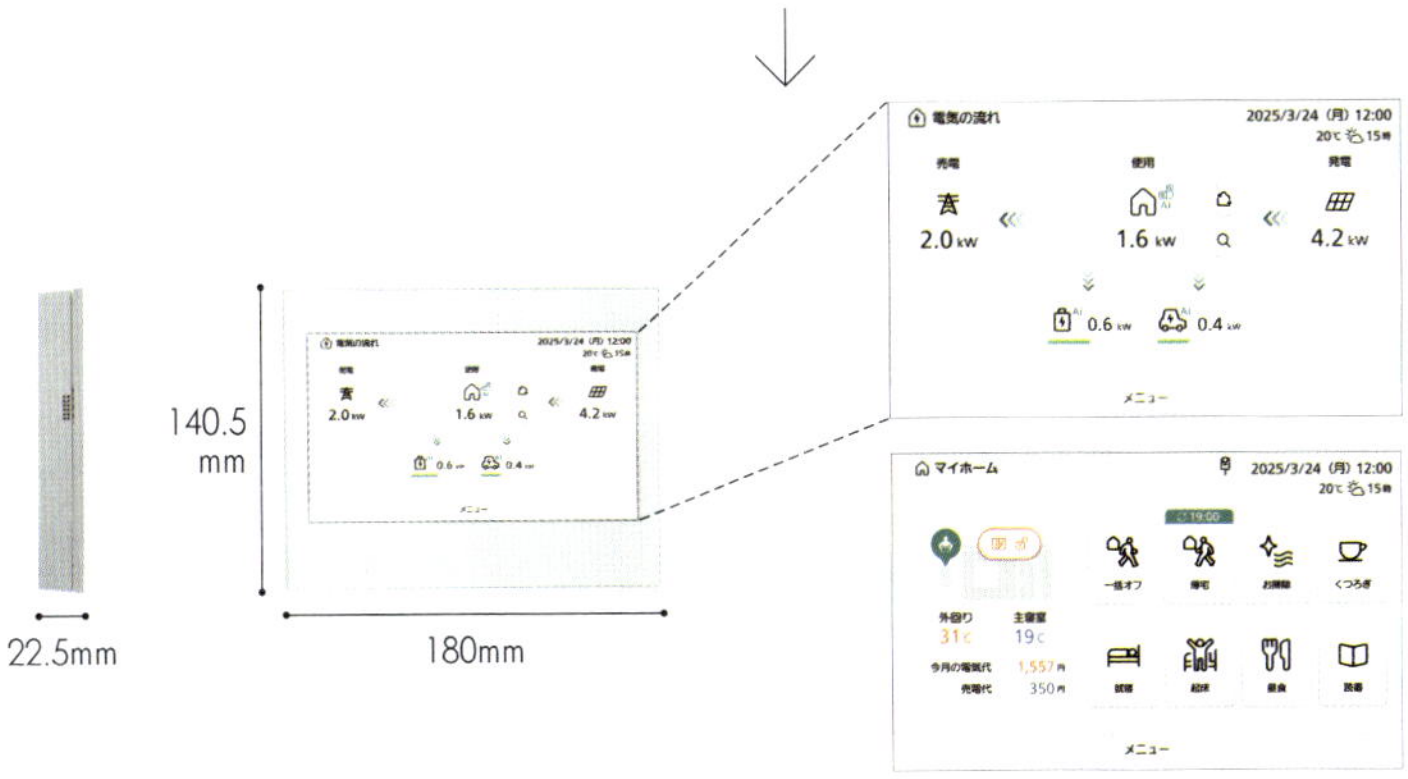

「AiSEG3」は画面（7型）のサイズはそのままに、タッチパネル（静電式パネル）を採用して操作ボタンを排除。さらに本体への印字もなくして、約80%にまでサイズを縮小した。側面の形状も“水平・垂直”を意識した形になっている。画面も黒・白・グレーといった「Archi Design」の軸となるカラーを基調としてデザインされている

V2H STORAGE BATTERY SYSTEM

V2H蓄電システム eneplat

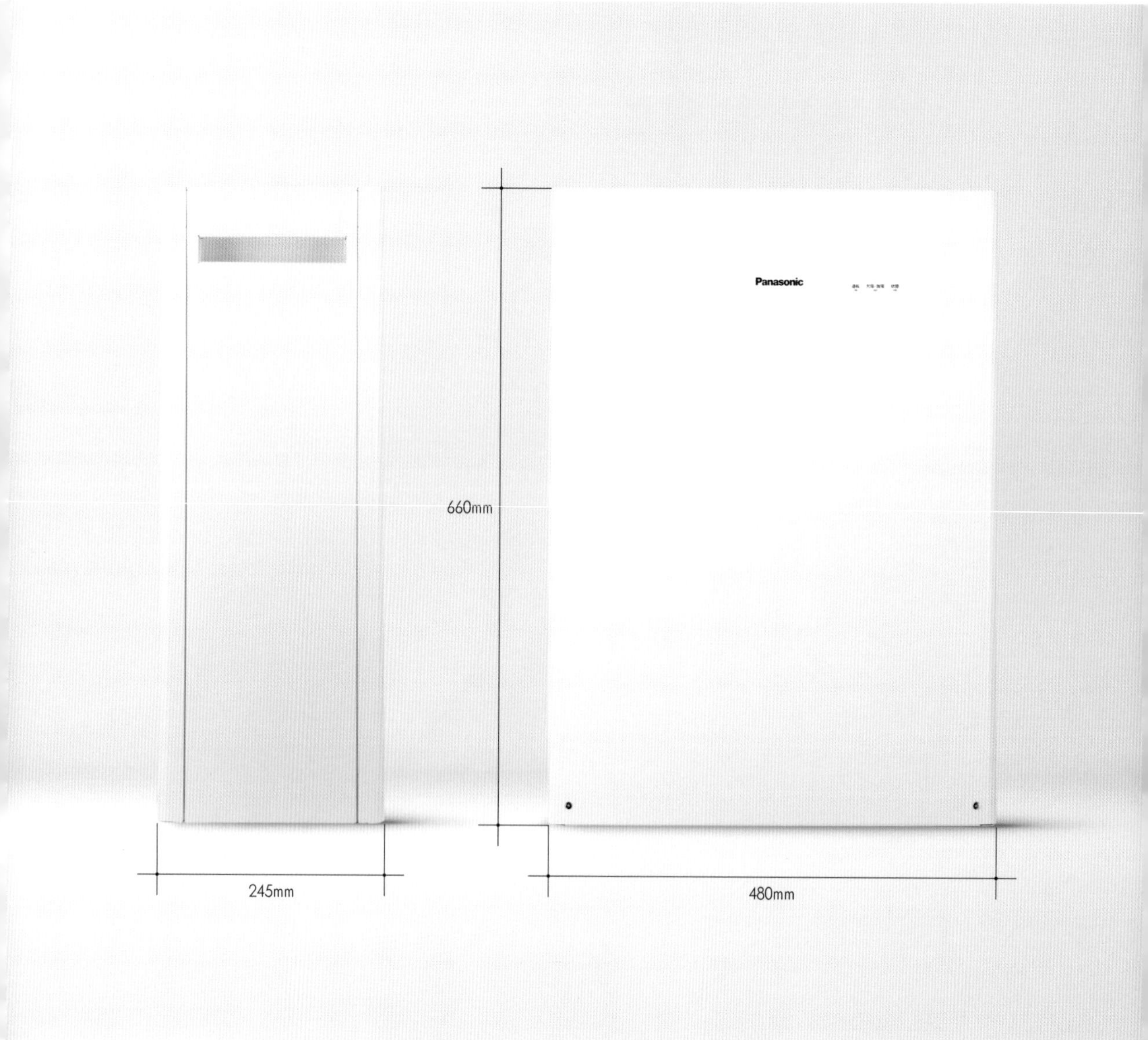

設置場所に困らない蓄電システム

「V2H蓄電システム eneplat」は、電気自動車(EV)やプラグインハイブリッド車(PHV)に搭載されているバッテリーで蓄えた電力を家庭で使用するシステム。日中、太陽光発電で生み出した電力を蓄電池または電気自動車に蓄え、夜間などに住宅内へ放電できる自家消費機能を搭載している。さらに、蓄電池または電気自動車に蓄えた電力を、停電時のバックアップ用電源として住宅内で活用できる。省エネ性に優れ、災害にも強い家づくりもサポートする。

設置場所に困らないコンパクトな本体。かつ、建築の外観・内観に対してノイズにならないシンプルな箱型デザインになっている。

太陽光でつくった電気を無駄なく活用

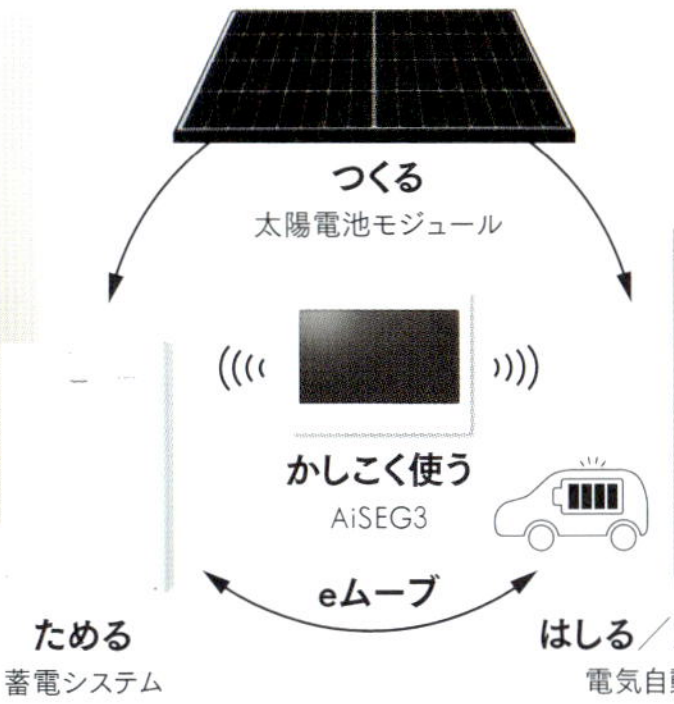

快適な電気自動車ライフをサポート

業界で初めて電気自動車と蓄電池に同時充放電。エネルギーを見える化するだけでなく、家電、電気設備を最適に制御するための管理システム（HEMS）「AiSEG3」［138・139頁参照］による連携により、太陽光発電の自家消費向上を実現

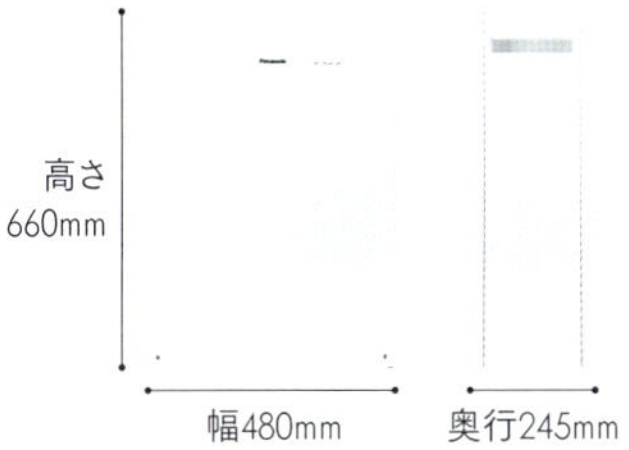

屋内に設置するリチウムイオン蓄電池ユニット（6.7kWh・屋内）のサイズはW480×H660×D245mm。棚下にも設置することができるほどコンパクトなので、蓄電池ユニット2台設置してもすっきりとした印象を受ける

→

停電時も給電することが可能。自動／手動切替設定を“自動切換”にすれば、操作をしなくても、停電時、電気自動車から使用したい機器に自動で給電が行える

CYLINDER SPOTLIGHT

SmartArchi シリンダースポットライト

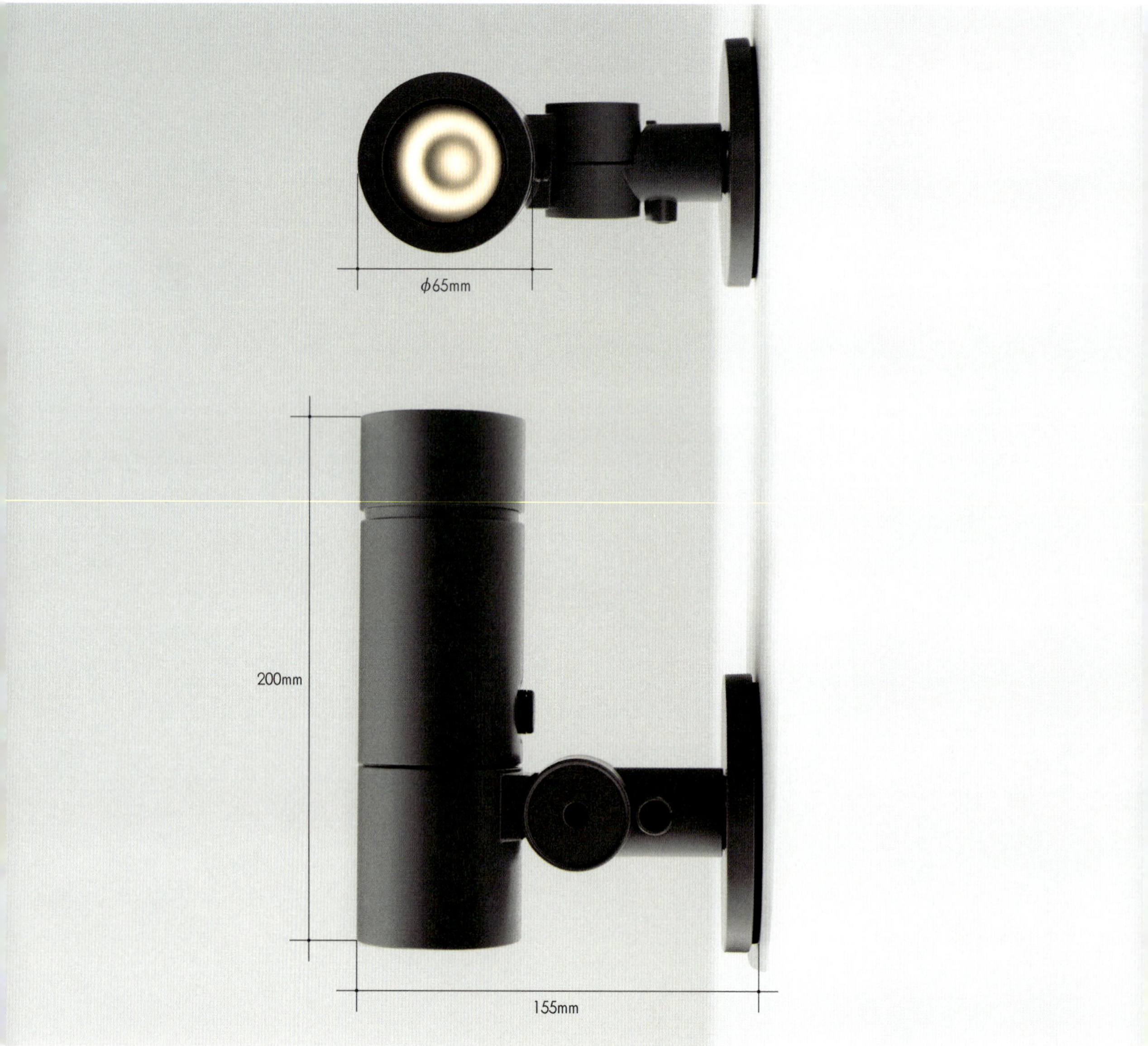

明るさ同等で外形は約1/2に

「SmartArchi シリンダースポットライト」は、屋外用で壁面にも取り付け可能なスポットライト。屋外用のスポットライトはなるべく目立たないようにしたいものだが、明るさを確保するには器具のサイズが大きくなってしまう。

これに対して「SmartArchi シリンダースポットライト」は、従来品と同等の明るさでコンパクト化したタイプと、従来品と同等のサイズで明るさがアップしたタイプがあり、器具の存在感を抑えつつ、必要な明るさを確保しやすい。

器具本体も「Compact Lamp」[118-121頁参照]と同様に、シンプルな筒状。グレア(まぶしさ)も感じない。

SCENE

樹木(高さ4〜5m)を「SmartArchi シリンダースポットライト」で下からライトアップ。明るさや配光角度を最適に調整することにより、樹木のシルエットを印象的に際立たせている

FEATURE

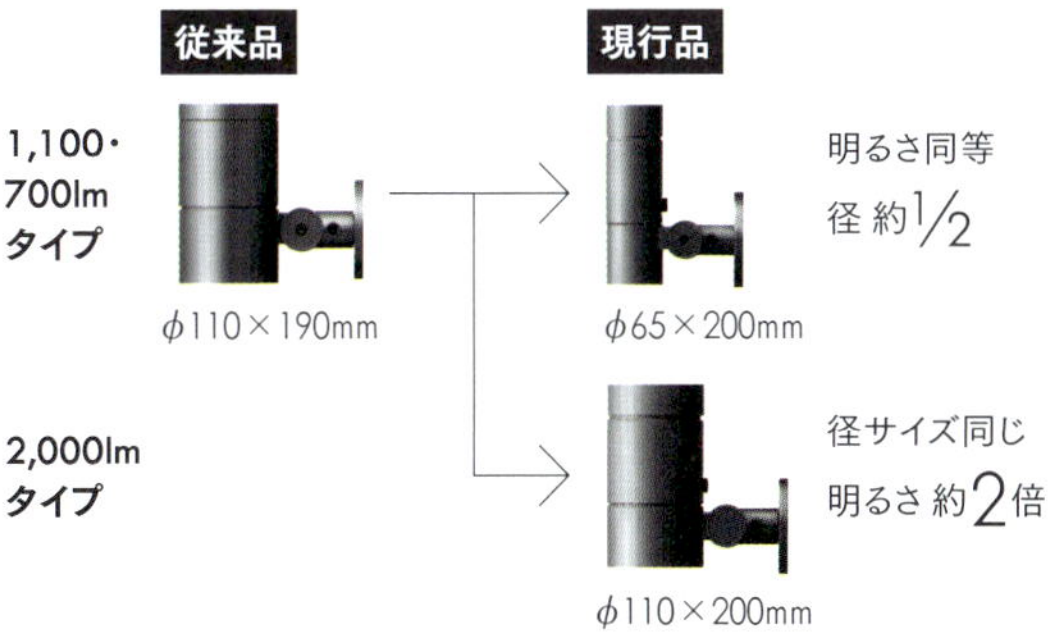

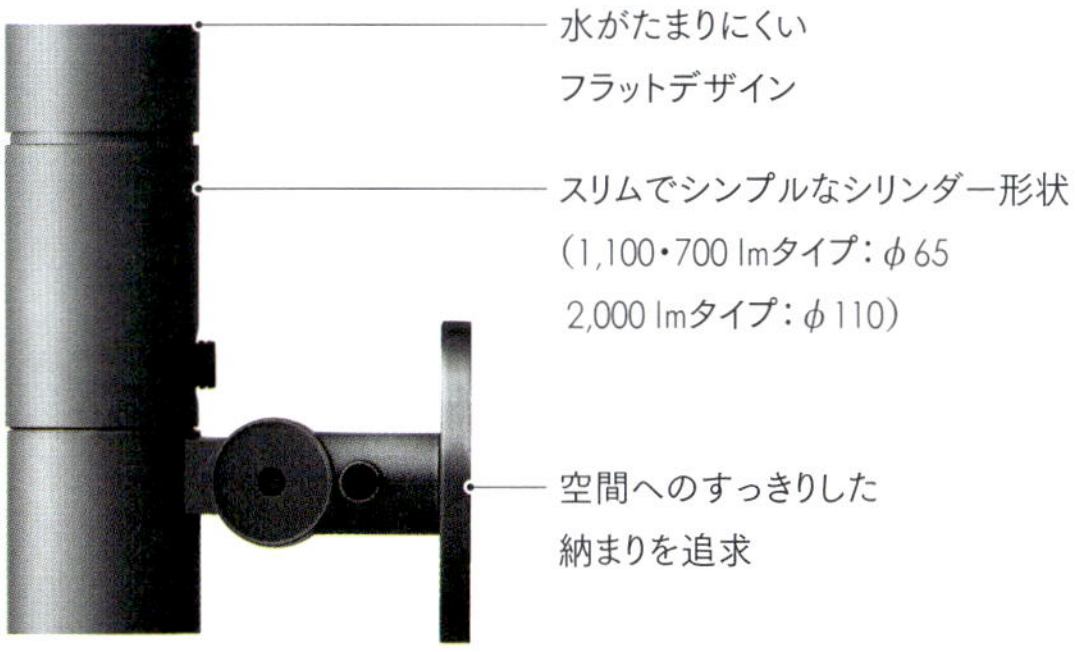

従来品と同等の明るさでコンパクト化したタイプと、従来品と同等のサイズで明るさがアップしたタイプの2種類。前者はφ65mm、後者はφ110mmで、地面や外壁に取り付けてもあまり目立たない。器具の照射ガラス面はフラットになっており、水がたまりにくいほか、外壁に設置した場合にすっきり見えるように、フランジのデザインも薄くコンパクトにまとめられている

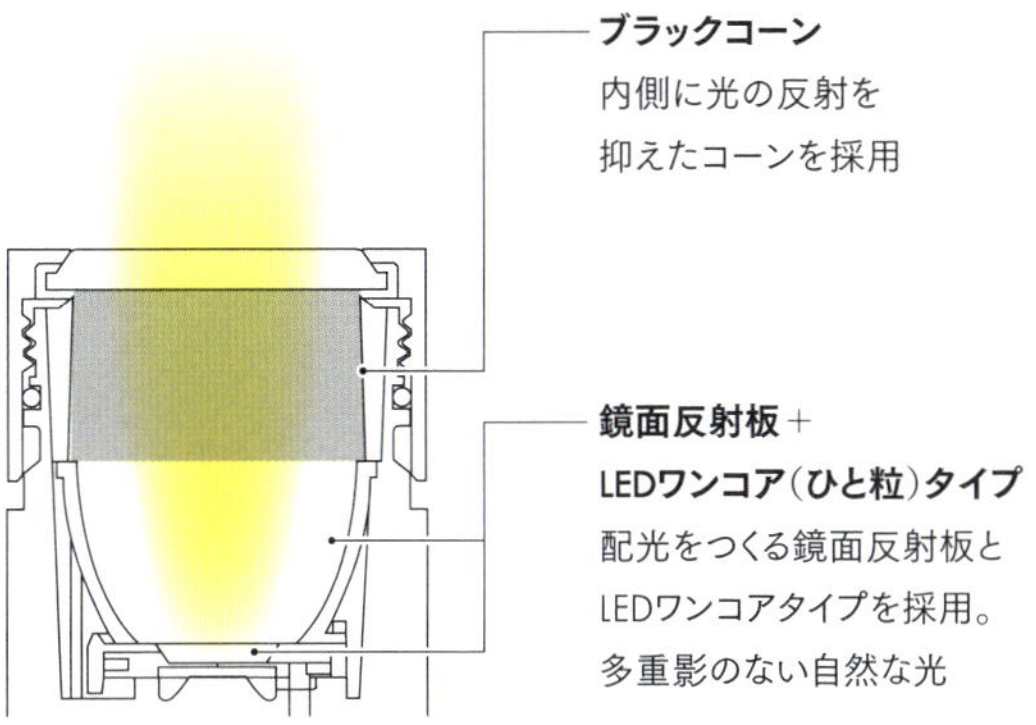

植栽を下からライトアップする際に注意したいのが、光源が直接見えてしまうこと。「SmartArchi シリンダースポットライト」では、鏡面反射板＋ブラックコーンの2層構造で、光の強度を制御しつつ、まぶしさを抑えている

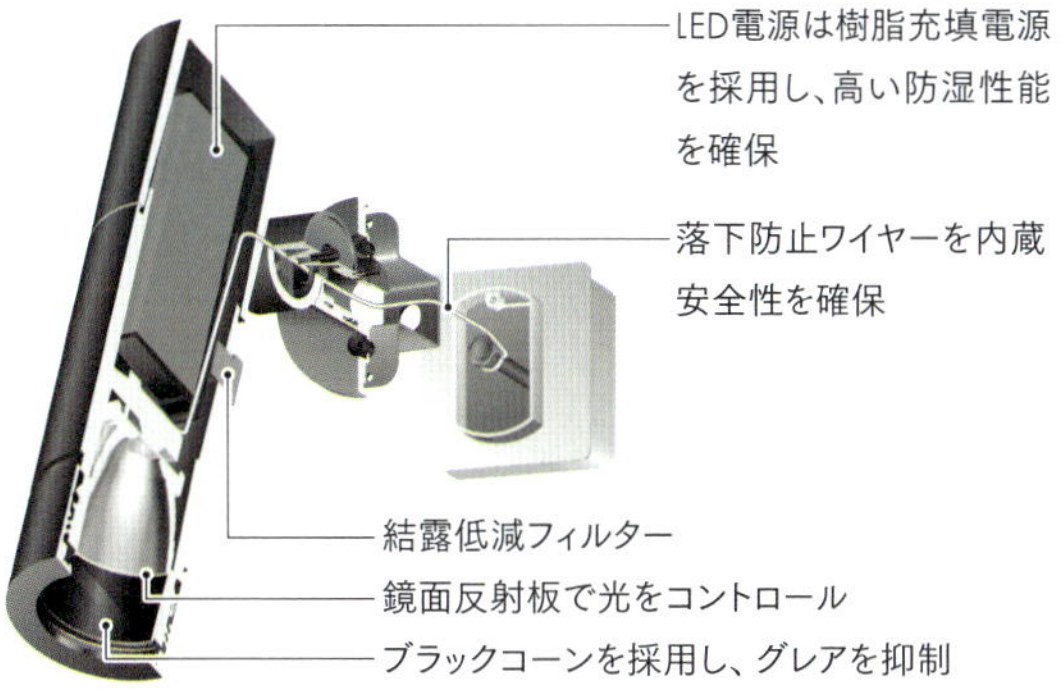

1,100・700lmタイプのイメージ｜サイズ:φ65×200mm

防水性に関しては、LED電源は樹脂充填電源を採用して高い防湿性能を確保。外壁の高所に取り付ける場合でも、落下防止ワイヤーが内蔵されているので安心

LED BASELIGHT

一体型LEDベースライト sBシリーズ

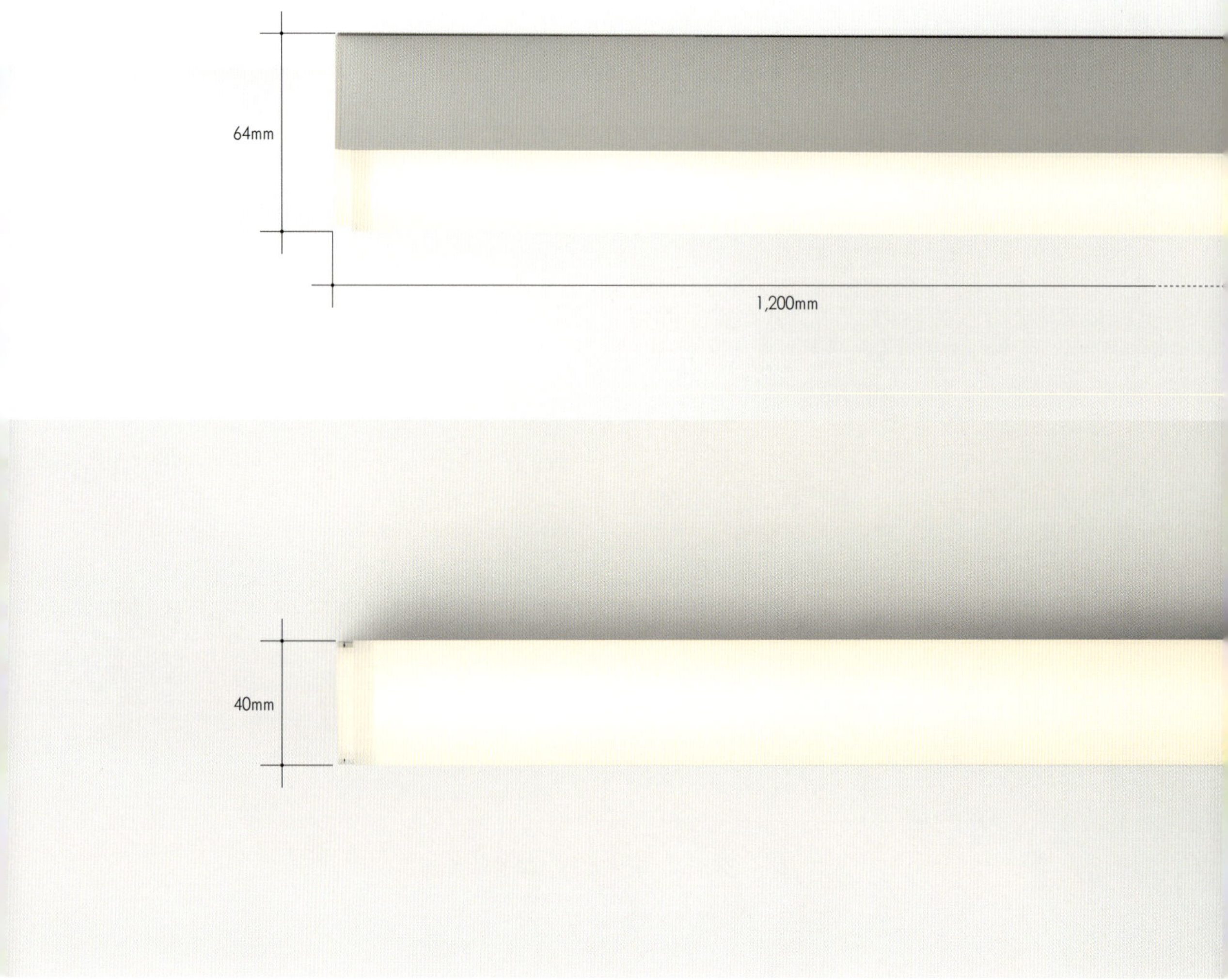

天井に描かれる一筋の美しい光

「一体型LEDベースライト sBシリーズ」は、スリムで均一なライン光により、デザインの多様なニーズに対応したベースライト。空間に応じて選択できる多彩なバリエーションでさまざまな施設に対応できる。直付型と配線ダクト用がラインアップ。フラット天井(システム天井)、スリット天井、ルーバー天井、スケルトン天井というように、天井のスタイルは問わない。

それを可能にしているのがコンパクトかつシンプルな形。「iDシリーズiスタイル」と比較すると大きさは約50%しかない。光源はカバー(特許出願中)されているので、目にやさしい。しかも、柔らかな光が空間全体に拡散する。

SCENE

直付型

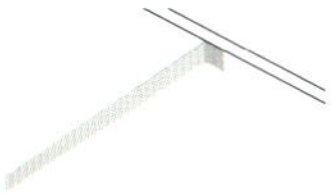

フラット天井

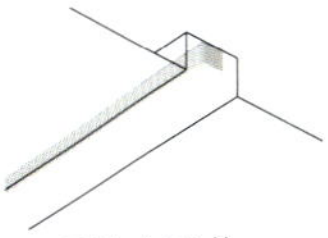

スリット天井

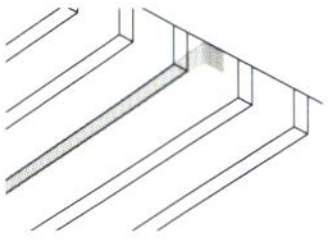

ルーバー天井

「sBシリーズ直付型」は、フラットな発光面で建築に直線を描くスリムなベースライト。光源カバーとアルミ本体が一体構造になっており、連結補助具で連続すれば、目障りな影のない一筋の美しい光のラインが実現する。フラット天井(システム天井)、スリット天井、ルーバー天井に最適

配線ダクト用

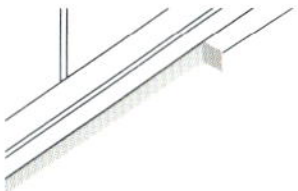

スケルトン天井など

「sBシリーズ配線ダクト用」は、配線ダクトと一体感のあるデザインが特徴。取り換えも自由で、作業負荷も少ない。配線ダクトとの距離を最小限の寸法として、配線ダクトによるノイズを最小限に抑えた。露出した設備配管を意匠として生かしたスケルトン天井に最適

FEATURE

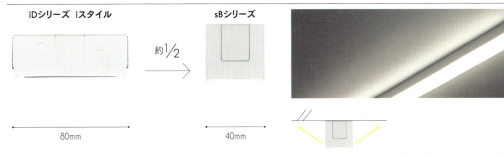

iDシリーズ iスタイル

約1/2

sBシリーズ

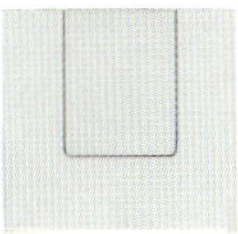

80mm

40mm

従来の「iDシリーズiスタイル」が幅80mmであるのに対して、「一体型LEDベースライトsBシリーズ」は幅40mm。しかも角型なので、コンパクトかつシンプルさが際立っている

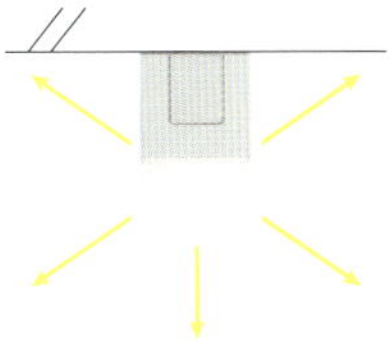

光は天井面にもムラなく拡散するような設計となっている。天井の明るさが、空間に開放性をもたらす

LED EMERGENCY LIGHT

LED非常用照明器具 防雨型ブラケット階段灯

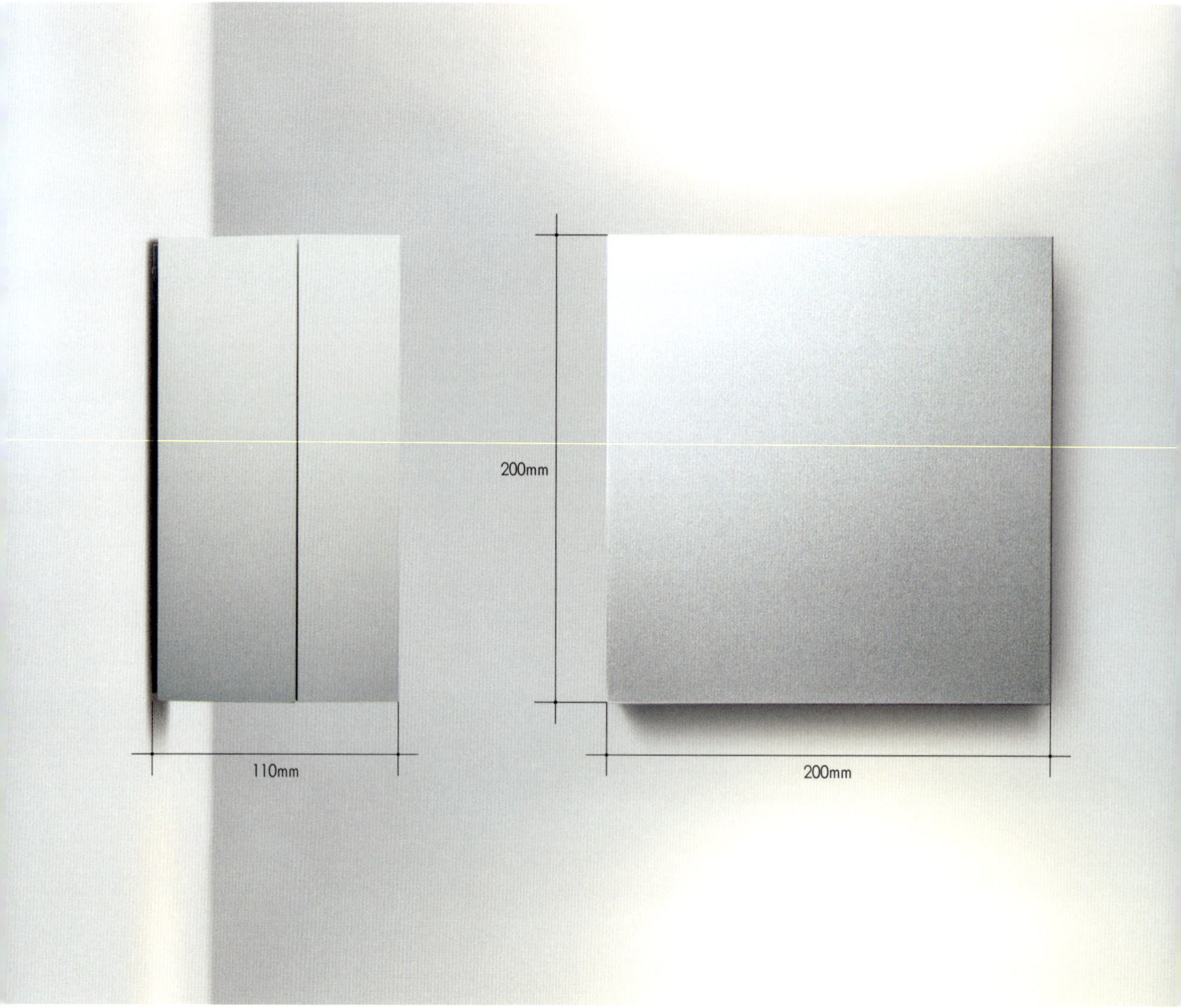

カバーで光の拡散を自在に制御

「防雨型ブラケット階段灯」は、マンションやホテルなどの共用部分に落ち着いた雰囲気を演出する際に最適な防雨型の非常用照明器具。W200×H200×D110mmという正方形でコンパクトなサイズで設計されており、どのようなデザインにも調和する。4種類のデザインがラインアップされているほか、色温度は電球色(2700K)、温白色(3500K)、昼白色(5000K)の3種類があり、朝日や夕日に近い色温度も実現できる。

光源が見えない間接タイプを採用すれば、光が正面から拡散することがなく、光害を防ぐことが可能。もちろん、防雨型なので屋外階段などにも安心して採用することができる。

コンパクトサイズで空間になじみやすい

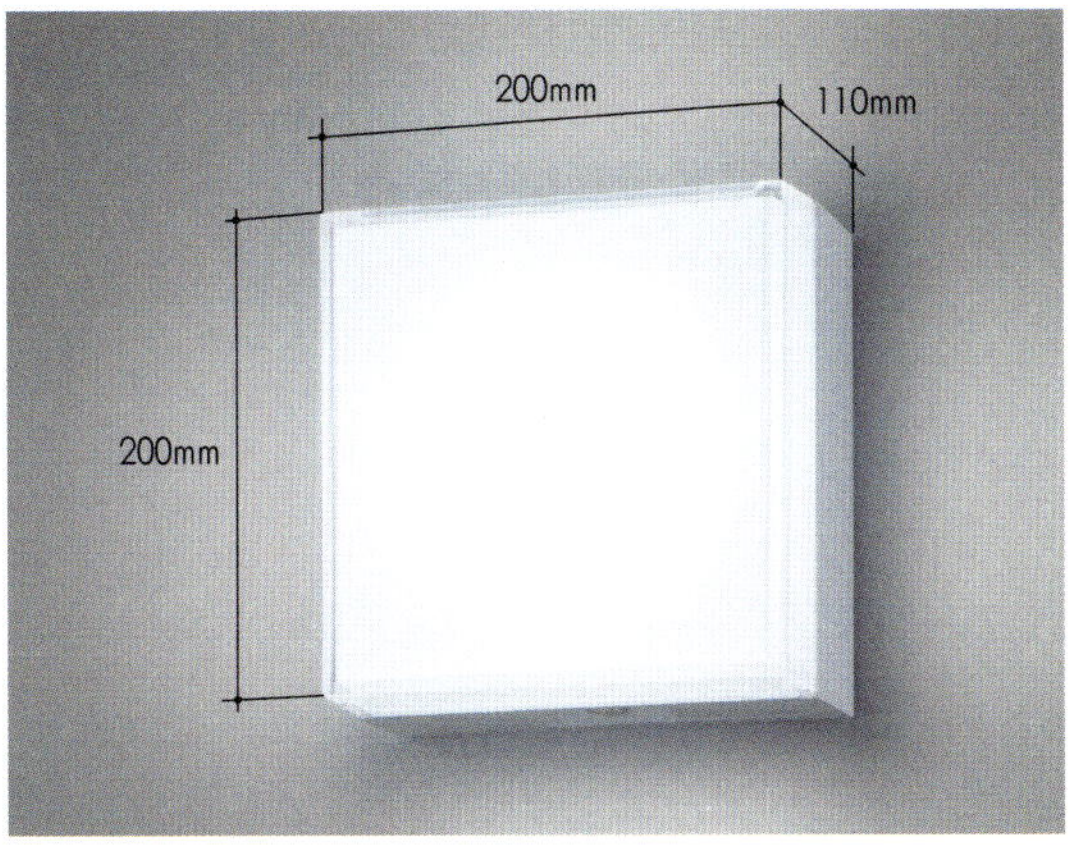

コンパクトな「防雨型ブラケット階段灯」の透過タイプは乳白アクリルもしくはクリスタルでカバーされている。柔らかな光が全方位に拡散するように設計されている。色温度の違いによって、好みの雰囲気に変えられる

電球色2700K

朝日や夕日に近い色温度

温白色3500K

あたたかく明るい色温度

昼白色5000K

日中の太陽光に近い色温度

階段に適した非常時配光を採用

写真はイメージです

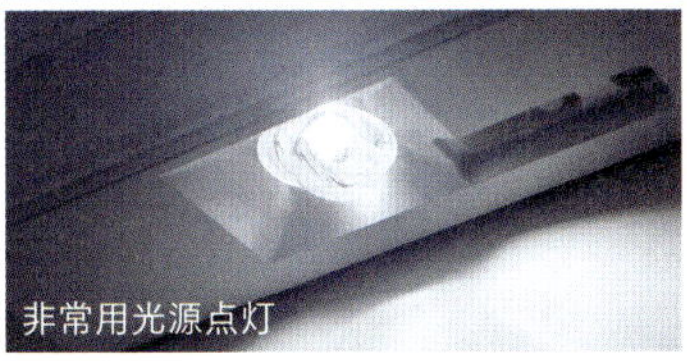

非常用光源点灯

前方・下方向に光を制御★

非常時配光の範囲(イメージ)

[廊下の例]

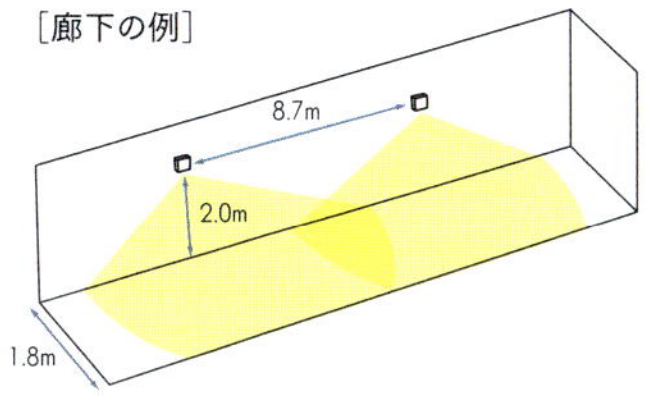

階段に適した非常時配光(前方・下方向に光を制御)を採用しており、停電時でも安心・安全が確保できる

★……壁面取り付け器具のため後方への光の照射はない

[左右2灯の例]

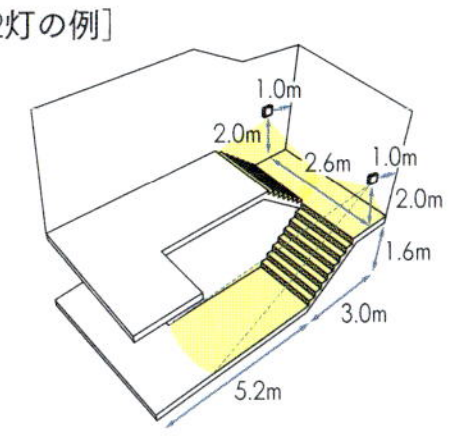

[踊り場に1灯の例]

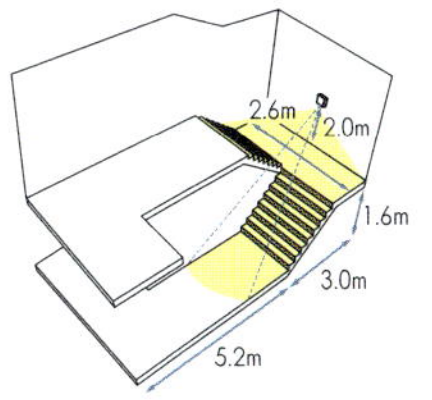

の部分は2lx以上

間接タイプ(ブラック・シルバーメタリック)では、光学設計により光を上下に照射。正面に飛んだ光は高反射シートで拡散させることで足元へ光が届くようになっている。明るさが必要な場合は透過タイプ、近隣への光害が気になる場合は間接タイプなど状況に応じて使い分けできる

カバー

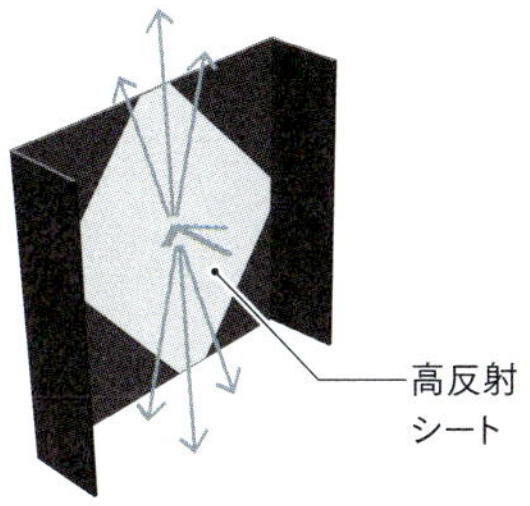

本体

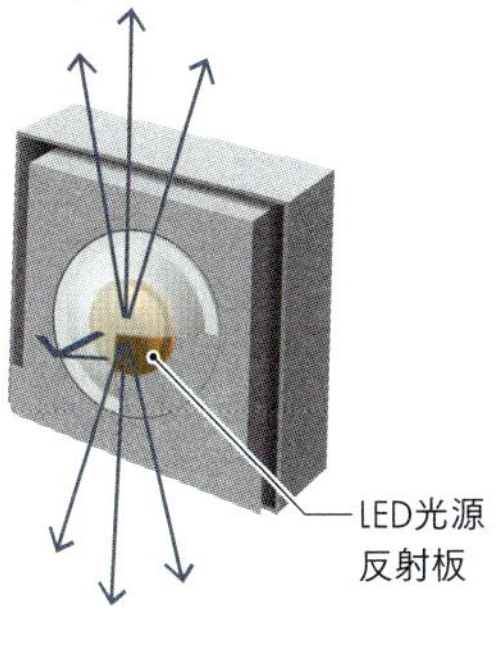

CEILING WIRING DUCT

OSライン ダブル

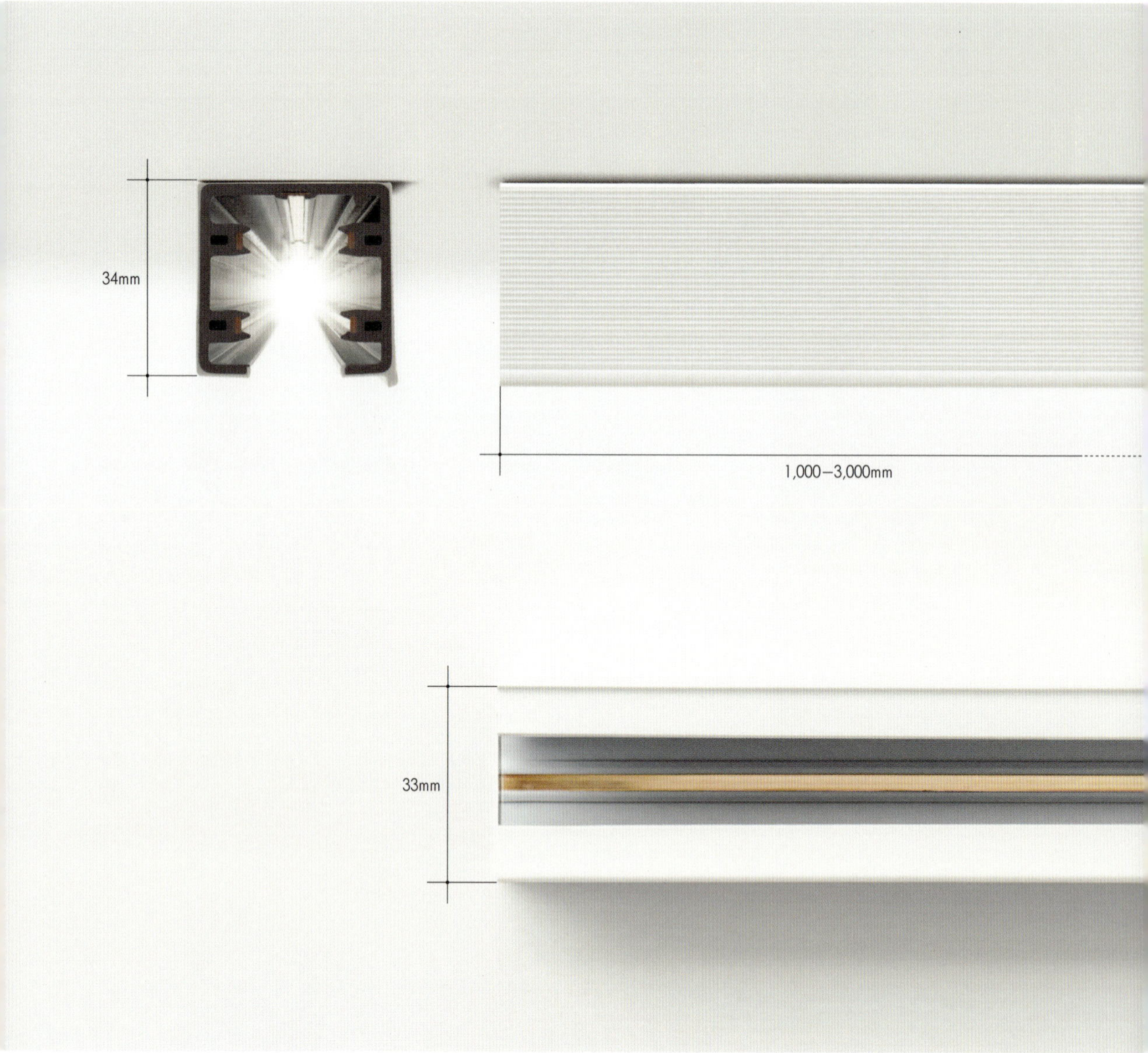

2つの回路を1本にまとめる

「OSライン ダブル」は、2回路を供給することが可能な配線ダクト(定格20A125V×2回路)。4本の導体を上段・下段に分けて内蔵。上段・下段を使い分けることで、用途に応じてさまざまなシーンに対応。耐熱素材を採用しているため、スポットライトを取り付けられる。リーラーコンセプトプラグを使えば、手元への電源の取り出しも可能。常時電源をONにしたい防犯カメラなどの機器と、使わないときは電源をOFFにしたい照明器具やコンセントなどとの併用可という点も心強い。

外形はW33×H34mmと小さい。オフィスや店舗、美術館・博物館など、どのような建築の用途で採用しても空間になじむ。

DC POWER SOURCE WIRING DUCT

DCライン

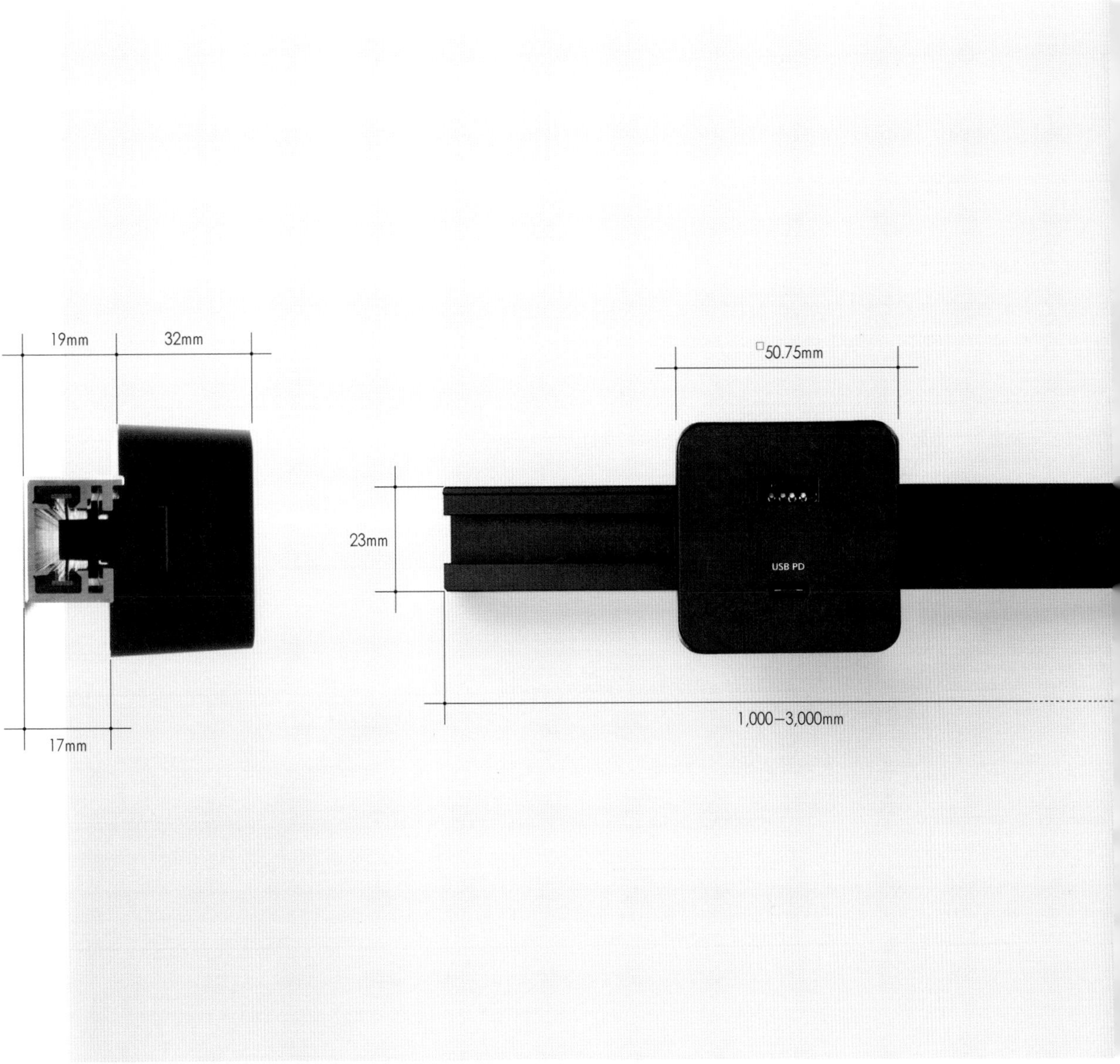

拡張性が高く美しいDC電源

「DCライン」は、USBプラグコンセントをライン上の任意の位置に設置できるダクト。PCやタブレット、スマートフォンなどのUSB対応機器が普及しているなか、充電を必要とする電子機器への電力供給を可能にしている。

USBケーブルを接続するだけでノートPCなどに給電ができるため、PCのACアダプタを持ち運ぶ必要がない。DC24Vの配線ダクトなので、DCライン本体開口部保護カバーを取り付ける必要もない。最大60Wまでの急速充電にも対応。

配線の混在がなくなるので、デスク上はすっきり。サイズもコンパクトなので、空間のノイズとならない。

暮らしの背景に徹する設備を

関本竜太
［リオタデザイン］

写真＝平林克己

他の建築家の内覧会で知って以来、「アドバンスシリーズ」は何度か採用してきました。スイッチプレートのチリの薄さなど、存在感を感じさせないディテールが気に入っています。またベージュ色は、木部で重宝していますね。性能も手を抜かれていない。最近ではスマートスピーカーの導入需要も多いのですが、最新の機器にも対応してくれるので、すごく心強く感じています。

「Archi Design」の思想には、とても共感します。コンセプトの1つである“建築の背景に徹する”と同じく、私は“暮らしの背景に徹する住宅をつくる”ことを信念に設計をしています。建築にも設備にも、大切なのは、すべてに同じ思想が貫かれ、同じ要素で構成やデザインがなされていること。どれかが1つでも違ってしまえば、そこにはたちまち違和感が生まれてノイズとなり、背景に徹するということができなくなってしまいますから。建築も設備も、ともに背景の空間にしっかり溶け込んで、暮らしをより豊かに引き立たせることができれば、設計者としてとても理想的だと思っています。

「Archi Design」のような設備器具の登場を待っていました。道のりは長く、とても時間を要すると思いますが、ぜひ1つでも多くの設備器具が、こうした同じ思想のもとで製品化されていくことを楽しみにしています。

抽象的な表現ですが、設計者の仕事とは、さまざまな要素をできるだけたくさん取り込みながら、それを1つの建築や1つの空間に収斂《しゅうれん》させていくことだと、私は考えています。決して全部を完全にコントロールするというわけではなく、個別の差異を受け入れながら、それぞれに求められている機能性や必要性といったものを、全体のなかで際立たせていくことも大切ですよね。「Archi Design」は、設備において、こうした統一性と多様性の共存を模索し、実現するような試みだと感じます。

まずは今までバラバラだったものを整理していこうという段階だと思いますが、完全に統一することは、やはりかなわないでしょう。しかし、その結果として表出する差異のようなものも、ぜひ設計に生かしていただきたい。そんなふうに、私は思っています。

統一感のなかで溢れ出す個性も大切に

伊藤博之
[伊藤博之建築設計事務所]

写真＝平林克己

写真＝水谷綾子

“普及性”や環境配慮の視点も重要

川島範久
［川島範久建築設計事務所］

パナソニックの設備器具は、いつも“普及性”を大切にしながらつくられてきたと思います。私も、設計において“普及性”を大切にしています。コストをかけてデザイン性を高めたオリジナルな空間や設備器具をつくることは、もちろんできるはずです。しかしそれ以上に、できるだけ多くの人に当たり前に使ってもらえることのほうが、重要だと思う。これからも、“普及性”を常に念頭に置きながら、さまざまな製品を実現していってほしいですね。

また、私の設計テーマの1つは、できるだけ少ない材料やエネルギーで、delightfulな環境を実現することです。「Archi Design」では、意匠性だけを追求しているのではなく、ライフサイクルにおけるエネルギー使用の削減など、環境への配慮にも取り組んでいくと聞きました。製品の小型化や、部品点数の削減によって使用する材料を減らすことや、部品の互換性を高めて、必要なものだけを交換しやすくするという挑戦も、このプロジェクトにおいてとても重要なポイントだと思っています。

便利さと美しさ、心地よさを自然に共存させたい

吉田裕美佳
［FLOOAT］

オフィス空間は、たくさんの機械やシステム設備との共存が不可欠です。しかし、表に出る機械が増えれば増えるほど、それが空間全体のバランスや、インテリアデザインで表現したかった「人が根本的に心地よい空間」の邪魔をしてしまうことが多々あります。だからこそ、「Archi Design」のような、極力シンプルで“建築の背景に徹する”ような器具をつくるという思想には、非常に共感しました。便利なものを自然に使いながらも、居心地がよい状態も保たれる。そんな空間をつくっていけるといいですよね。

「実現してほしい器具は？」と言われて思い浮かぶのは、やはり電源関係です。他のビルディングタイプ以上に、オフィスと電源は切っても切り離せない関係にありますから。無線LANの登場で設計が簡単になった部分もありましたが、反対に、今まで以上にあらゆる場所に電源が必要になっています。至るところに配線がはみ出ているような状態はやはり美しくないし、隠すことにいつも苦心しています。こうした状況を解決できるようなプロダクトが登場すると、うれしいですね。

写真＝水谷綾子

写真＝渡辺慎一

電気設備にとどまらない展開を

永山祐子
［永山祐子建築設計］

スイッチやコンセントをはじめ、私たちはさまざまな種類の電気設備を扱います。たとえば住宅では、エアコンや給湯器、インターホンの操作パネルが、1箇所で横並びになるシチュエーションが多々ある。しかし、どの器具もサイズや角のアール、色のトーンまでもが微妙に異なるため、いつも頭を悩ませていました。今後「Archi Design」のような、すでにデザイン統一されたものから器具を選んで設置できるのであれば、それは本当に大きな革命だと思います。これからのシリーズ展開が楽しみですね。

「Archi Design」は、電気設備にフォーカスしたプロジェクトですが、ゆくゆくは家電にも取り組んでほしい。電気設備と同様に、どの冷蔵庫や洗濯機を選び、美しく納めるかも、私たちが苦労している部分ですから。家電も「Archi Design」と同じ考え方で、空間になじみ、ほかの家電と並んでも統一感を図ることができれば、より調和した空間が実現できる。新しい家電のあり方の提案を待ち望んでいる設計者も、たくさんいると思います。

「Archi Design」の取り組みとは、1つのメーカーの製品改善にとどまるものではなく、日本の住環境やデザイン産業のベーシックなクオリティを、大きく底上げするきっかけとなり得るものだと思います。特に“モジュール発想でデザインする”というコンセプトはインパクトが強く、とても共感しました。私たちは、大きさや形がバラバラな電気設備の配置なんて「もう頑張って割りつけるしかない」と諦めていました。しかし、それを考えなくて済むようになるなんて、設計者にとってその解放感は計り知れないものだと思います。

家具の開発・監修に携わった経験から、私たち自身も、既製品のディテールを整え直すことの大変さを知っています。デザインや寸法を少しシンプルに整え直すだけでも、膨大な調整が必要になってしまいますからね。その大変さを知っているからこそ、「Archi Design」が敢えてこうした課題に挑戦してくれることをうれしく感じます。建築も設備も、些細にも思える調整こそが、空間全体をがらりと変えてしまうことにつながると、私たちも信じています。

写真＝平林克己

ディテールを整え直す挑戦の意義

成瀬友梨+猪熊純
［成瀬・猪熊建築設計事務所］

地道な作業に立ち返る姿勢に共感

小嶋伸也＋小嶋綾香
［小大建築設計事務所］

私たちは、設計のなかでリノベーションを手がける機会も多くあります。今後、さらに空き家は増加していき、あらゆる面で更新作業が必要になるのは明らかですよね。そのとき、「Archi Design」がコンセプトに掲げているように、電気設備が普遍性・永続性、互換性・更新性を備え、長く使えるものはそのままに、必要な箇所だけ部分的に更新することができれば、設計は飛躍的に効率化すると思います。

家電や設備器具、電設資材と、幅広い製品を手がける一大メーカーが、こうした一気通貫した試みに挑戦してくれるのは、設計者として心強いですね。目に見えない施工性の向上や、モジュールに基づいた地道なデザインなど、1つひとつのコンセプトは派手ではありませんが、こうしたところに立ち返り、愚直に取り組んでいこうという姿勢にこそ、強く共感します。

スイッチ・コンセント類は選択肢が格段に増えてきましたが、空調や給湯器の操作パネルなどは、今も光を反射する艶のあるものがほとんど。色のバリエーションも少ないため、今後選択の幅が広がることを期待しています。

写真＝渡辺慎一

写真＝嶋井紀博

デザインと性能を備える器具を期待

佐々木達郎
［佐々木達郎建築設計事務所］

これまで、細部にまで統一感をもってデザインされた設備器具が存在しなかったことが、設計を難しくしていた側面もあると思います。私はあらゆる寸法を1つずつこだわって設計するタイプですが、さまざまな事情でそれが難しいという設計者だって、たくさんいるはず。「Archi Design」のような、“これさえ使っておけば大丈夫”というプロダクトが登場したことで、光環境や空間そのもののクオリティは格段に向上するのではないでしょうか。

「Archi Design」で実現してほしい器具は、とてもたくさんありますね。たとえば、外径の寸法やモジュールを統一した照明や感知器、スピーカー、センサーなどを実現してほしいと思います。また、それだけではなく、ぜひ機能性にも踏み込んでほしい。できるだけ多様な光環境をつくりだすことができるように、配光や照度、演色性、色温度などを自由に選定できるような器具のバリエーションがあると、うれしく思います。今後、「Archi Design」のデザインで実現することを、期待しています。

編集後記

本書の制作・編集にあたり、「Archi Design」というビジョンが多くの設計者にどう受け止められるのか不安を抱えながら、Part 1の建築家へのインタビューを進めてきました。

しかし、ビジョンを説明し、会話を重ねるうち、皆様から圧倒的な共感と賛同をいただき、その不安は杞憂であったことに胸をなで下ろしました。

「設備は整わないものと諦めていた」「設備を消し込むことに何十万人の設計者が同じ苦労をしてきた」「当たり前に皆が望んでいた姿」という声をいただき、喜びとともに今まで設計者に苦痛を与えていた存在であったことに改めて設備メーカーの責任を痛感しました。

設計者がつくる建築模型には残念ながら設備はほぼ存在しません。思い描く理想の空間に対し、やむなく設備を配置しているのが本音かもしれません。しかし、絶対に必要なものであり、それが建築と同じ思考でつくられていることで、自ずと建築に同化していくというのが、空間における目指すべき設備の立ち居振る舞いではないか、と考えています。

「Archi Design」は設計者とともに創造されたビジョンであり、今後も建築に関わる皆様と一緒に育てていく「日本の風景を美しくする」活動だと思っております。

最後に本書の制作・編集にあたり、「Archi Design」の活動に共感いただき、多大なるご支援をいただきましたエクスナレッジ、およびこのプロジェクトにおいて、世の中の設計者代表としての使命を感じ、共に創り上げてきていただいた建築家の中西ヒロツグさん、寶神尚史さんに心から御礼申し上げます。

パナソニック エレクトリックワークス社

デザインセンター所長 杉山雄治